간화선의 길

정 관 지음

불교시대사

無信不立

간화선의 길

차 례

서문(序文)

　가장 복된 시간, 가장 건강한 시간, 가장 안정된 시간, 가장 안식된 시간, 세세생생(世世生生)토록 자기와 함께 자기와 같이할 시간은 생각할 줄 아는 주인공을 참구(參究)하는 시간이다.

　생각할 줄 아는 이 주인공이 무엇인지 무엇인지······.

　생각할 줄 아는 주인공을 참구하는 것이 불교의 정법(正法)이고 구경(究竟)이다. 생각할 줄 아는 주인공 참구의 결과를 말로써 표현한다면 공(空)이고 무아(無我)이다.

공(空)에는 생로병사(生老病死)와 탐진치(貪嗔癡), 희로애락(喜怒哀樂), 극락과 지옥, 부처와 중생, "너니, 나니" 하는 일체 시시비비(是是非非)가 다 끊어진 본래(本來) 없는 법(法)이다.

그러나 마음은 없는 것도 아니고 있는 것도 아니다. 영영 없다고만 하면 허무(虛無)에 떨어지는 병이고 있다고만 하면 상(相)에 집착하는 병이니……. 상도 아니고 허무도 아닌, 있는 것도 아니고 없는 것도 아닌 묘공묘유(妙空妙有)이다. 묘공묘유를 바로 알고, 바로 증득함으로써 독거락자(獨居樂者)가 된다. 무애자(無碍者)가 된다.

이 책《간화선의 길》은 1부와 2부로 구성되어 있다. 1부는 다음의 열 과목이다.

1. 간화선의 길
2. 의단독로(疑團獨露)

3. 깨어 있어야 할 마음

4. 선(禪)의 혈맥(血脈)

5. 선삼매(禪三昧)

6. 일원론과 이원론의 차이점

7. 화두참구와 염불주력 신앙의 차이점

8. 화두선(話頭禪)과 송화두(誦話頭)

9. 마음이 곧 종교

10. 자성예찬(自性禮讚)

2부는 소납(小衲)이 중국 여행에서 얻은 생활시(生活詩)이다.

《간화선의 길》은 탄광의 광부가 금싸라기를 알뜰하게 모으듯 소납의 뼈 마디마디에서 우러나오는 생각, 사상을 한 줄 한 줄 쌓아서 집필한 것이다. 이제 세상 밖으로 겸손히 내놓으니 제방(諸方)의 눈밝은 이들께서는 많은 질책을 해주시길 바란다.

내가 가야 할 길은,

일체중생 모두가 가야 할 길은 공(空),

공(空)이 곧 신(神)이고 마음이니

마음이 곧 종교이다.

지(知), 알 지는 '본래부터의 지'이고,

지(智), 지혜 지는 '후천적 노력의 지'이다.

지(知), 알 지는 세세생생 하나이지만

지(智), 지혜 지는 중중무진(重重無盡)이다.

지(知)가 공(空)이고, 무아(無我)이며

공(空)이 곧 마음이니

마음이 곧 종교이다.

불기(佛紀) 2550년 병술년(丙戌年) 새해

금정산인(金井山人) 불국정관(佛國正觀) 합장

권두게송(卷頭偈頌)

1. 국민소득 이만, 삼만, 사만, 오만 불
   선진국이 된다 해도
   자기성찰, 자기제도의 길이 없으면
   끝끝내 불안공포자(不安恐怖者)이지
   안식자(安息者)는 아니다.
   안식을 증득 못하면
   모두가 물거품과 꿈밖에 무엇이 있나?

2. 찰나도 쉬지 않고 너의 육신은
   노병으로 변해 가고,
   천덕꾸러기로 변해 가고,

타락으로 변해 가니
너의 장래가 걱정되지 않는가?
겁이 나지 않는가?
두렵지 않는가?
겁도 없이
너의 장래가 걱정도 안 되고,
두려움도 없으면
너는 너를 영영 제도하지 못한다.

3. 사람이라면 모두가
외면도(外面道)와 내면도(內面道)
양면도(兩面道)로 가야 한다.
내면도는 먼저 신행(信行)이다.
신행 없는 내면은 고독으로
의지할 곳 없다.
외면도, 한 길로만 간다면
집착과 탐착,
끝끝내

투쟁으로 싸우다가
가는 길 외에는……

4. 냉난자지(冷暖自知)가 곧 종교이다.
   냉난자지가 곧 마음이고
   마음이 냉난자지이다.
   냉난자지와 마음은 둘이 아니다.
   억만년 전 냉난자지나
   현재의 냉난자지나
   앞으로 억만년 후의 냉난자지나
   냉난자지는 하나이지 둘이 아니다.
   냉난자지는 영원불변이다.
   하나인 냉난자지가 곧 신(神)이니
   신이 마음이고 마음이 곧 종교라는
   논리는 헛되지 않다.

제1부

간화선의 길

1. 간화선의 길

간화선은 의문참구(疑問參究)의 착(着)이다.

의문참구에 착(着)이 되지 않으면

간화선이라 할 수 없다.

의문참구에 착(着)이 됨으로써

선(禪)의 향상(向上)

선의 향심(向心)

선의 정향(正向)

선의 몰두(沒頭)

선의 탄력

선의 몰두삼매(沒頭三昧)

선의 몰두락(沒頭樂)

선의 몰두법열(沒頭法悅)

정사판단(正邪判斷), 심신건강(心身健康), 심신안(心身安)

자기연구(自己研究), 자기락(自己樂),

자기성찰(自己省察), 자기안(自己安),

화두연구(話頭研究) 착(着)에

논량무궁(論量無窮) 발전

화두연구 착(着)에서 정력(定力)이 쌓인다.

화성(火星)의 비밀, 토성(土星)의 비밀보다

더 신비한 극비(極秘)는

자기심신이다.

자기심신 참구자(參究者)가

진정한 평화자, 인류평화 공헌자이다.

의문참구(疑問參究)가 간화선의 특징이다.

의문참구가 아니고는

넓고 깊은 대해심(大海心) 바다에 들어갈 수 없다.

넓고 깊은 대해심 바다에 들어감으로써

다시 생기가 살아나고 더 큰 지혜가 소생한다.

마음이 주인이라는 확신이 선다.

마음이 주인이라는 확신이

천하의 주인이고

천하의 보배이다.

의문참구가 착(着)됨으로써

그때부터 자기 주견(主見)이

흔들리지 않고 흐트러지지 않고

자기의 안식(安息)이 어떠한 유혹에서도

이겨낼 수 있는 강(剛)이 되고

든든한 반석(盤石)이 된다.

의문참구에 착(着)되는 시간은

광부가 금노다지 금광 속에

깊숙이 들어가는 것과 같다.

화두의문 참구정진 결과의 그 맛은

새벽의 영롱한 이슬과 같은

새 맛이 항상 솟아난다.

화두를 들고 있음은

빈방에 불이 켜져 있음과 같다.
화두 없이 그냥 그저 앉아 있는 것은
빈방에 전깃불이 꺼져 있음과 같다.
화두참구는 차에 시동을 걸어
차를 운전하고 있음과 같다.
화두 없이 그냥 앉아 있음은
차에 시동을 걸 줄도 모르고
시동을 걸고자 하는 의욕도 없이
차에 그냥 앉아 있음과 같다.
'이대로가 공부이다. 이대로가 마음이다.
이대로가 불성이다.' 하고
앉아 있는 모습만 고집한다면
집착선(執着禪)이며,
고집선(固執禪)이며,
모양선(模樣禪)인
형상선(形相禪)에만 집착한다 하겠다.
눈뜨고 앉아 있는 내용 없는 선이라 하겠다.
앉아 있는 것 외에는 아무 내용이 없는 선이다.

의심참구(疑心參究)가 분발 맹렬함에서
정진착(精進着)이 잘 되면
누대업장(累代業障)이 녹아지고
독기가 녹아지고 독기가 없어지고
심신의 나쁜 습(習)들이
밖으로 차츰차츰 빠져 걸러진다.

화두의문 참구에 뇌활동이 가동된다.
뇌활동이 운동됨으로써
굳어져 가던 뇌세포도 다시 되살아나고,
뇌활동이 잘되어 갑갑했던 소견(所見)도 탁 트이고
가슴이 탁 트이고 기상이 밝아지고
성격이 활달해지고 소견이 넓어져
대인관계가 겸손해진다.
몸 전체가 다시 건강해진다.
화두공부 잘되는 사람이
몸이 쇠약해질 수 없다.

잠을 잘 때는 푹 자야 된다.
잠을 억제하는 것은 화두공부에 도움이 되지 않는다.
잠 잘 때 몸을 푹 쉬어야
다음 정진 시간에 공부에 탄력이 붙는다.
잠을 안 자고 억지로 앉아 있으면
남 보기에 겉모양만 공부이지
실지 자기 내면성에는
공부에 탄력이 붙지 않고 공부 진도가 안 나간다.
소견이 트이지 않는다.
되레 좁은 소견 고집만 더 굳어져 간다.
몸이 건강한 데서 공부 탄력이 붙지,
몸이 자기 뜻대로 되지 않으면
공부는 늘 제자리에서 맴돈다.

화두참구 탄력은 밖으로
대자연의 기력(氣力)과 연계고리가 된다.
내면성(內面性) 활력(活力)이 되살아난다.
내면성 활력이 되살아나게 해야 한다.

거듭 설명한다면

간절한 참구의 활력으로

대자연의 활력과 합일되고 합류되고

대자연의 위신력이

참구하는 착력(著力)에 역인(力引)되기도 한다.

자기를 알고자, 자기를 깨닫고자 하는

분발심이 끊어지지 않고 계속 이어만 간다면

화두의심 참구는 불꽃같이

열기가 꽉 차진다.

참구 탄력이 깊어지면 깊어질수록

그때부터 무아이고 공이라는 확신이 선다.

공이고 무아라는 확신이 깊어지면서

내면성 활력이 꽉 차지는

무형의 경지에서

'이뭣고' '이뭣고' 화두는

더 또렷이 성성(惺惺)해진다.

내면성 활력이 꽉 차지면

그때부터 심신건강이 확 피어진다.

불꽃 같은 활력이 붙어지면
그때부터 번뇌와 망상이 일어난다 해도
오래도록 기를 쓸 수 없게 된다.

계곡에 그저 흘러가는 냇물을
그대로 둔다면 억만 겁이 가도
저수지가 될 수 없고
수자원이 될 수 없듯이
우리들 마음 에너지도
육신 요구대로 아무 생각 없이
쾌락 쪽으로만 흘려보낸다면
결국 자기에게 남는 것은
늙음의 슬픔과
가지가지 중병으로 신음해야 하는
갖은 고통과 천덕꾸러기밖에
무엇이 있나 하는 생각을
잠시라도 놓으면 불행 중 큰 불행이다.
마음 에너지도 모으면 무형의 금싸라기이다.

마음 에너지가 모아지면

활력의 보배가 된다.

활력 보배자가 되면

그때부터는 수행하는

시간이 자기 마음대로 된다.

첫째 수행하고 싶은 시간이

자기 마음대로 되게끔

평소에 터를 닦아 놓아야 한다.

예를 들면 철야하고 싶으면

자기 마음대로 철야할 수 있는 수행자가 된다.

평소에 터를 닦아 놓지 않으면

갑자기 철야하고 싶어도

자기 몸과 마음이 자기 뜻대로 들어 주지 않는다.

자기 마음대로 안 되는 불행자

서글픈 자기가 아닌가?

정력(定力)이 쌓이고 쌓이면 수행의 밑거름으로

독거안식(獨居安息) 독거락자(獨居樂者)가 된다.

독거안식 독거락을 성취한 자만이

인생의 승리자이고

자기 생애의 실패자가 아니라고 나는 말하고 싶다.

대통령이 됐다 해서

독거안식 독거락자가 되는 것이 아니다.

독거락은 자기 마음공부에서 성취되는 것이지

다른 방법으로는 이룰 수 없다.

간화선의 삼대요(三大要)

첫째, 대신심(大信心)

둘째, 대의심(大疑心)

셋째, 대분발심(大奮發心)

삼대요를 갖추지 않으면

간화선은 향상하기 어렵다.

삼대요를 갖추면 의단독로(疑團獨露) 공부가

자연스레 지어진다.

자기가 하고자 하는 화두만

또렷이 성성하게 꽉 차진다.

의단독로 화두의 힘을

이글이글한 불덩이에도 비유했다.

불덩이 앞에는 모든 모기떼와 날파리들이

범접할 수 없듯이…….

누겁(累劫)에 쌓였든 번뇌망상이 일어난다 해도

잠깐이지 어떤 기성(氣盛)도 붙일 수가 없다.

화두의정(話頭疑情)이 꽉 차 자연스러우면

항상 낙(樂)된 기분이 거나해진다.

술 좋아하는 사람이

술맛에 거나한 기운이 유지되듯이

화두(話頭) 공부의 낙(樂)을 법열(法悅)이라고도 한다.

법열은 어떤 물질에서

상대로부터 받은 것이 아니고

자기가 분발정진하는

자기제도(自己濟度) 결과이다.

세속의 낙은 조건부이고 시한부이다.

조건이 안 맞으면 무너지고

시한부도 때가 되면 끝이 난다.

끝이 나면 허탈, 고독, 비관으로

넓고 넓은 천지이지만

작디작은 자기 몸 하나 설 땅이 없고

어디로 가야할지 모르지 않는가?

화두락(話頭樂)은 조건부, 시한부가 아니다.

조건부가 아니고 시한부가 아니니

다음 생으로까지 이어지는

영원한 낙이고 대자연의 안식이다.

육신은 잠깐이고 수백 가지

병고의 고통을 받아야 하는

끔찍하고 무서운 룰(rule) 속에 갇혀 있지 않는가?

좀 깊이 생각해 보면 현재 우리들 앞에

백년 전 사람들은 거의 없다.

앞으로 백년 후가 되면

현재 우리와 같이 사는 사람들은

하나도 만나 볼 수 없을 것이니

우리가 애지중지하는 육신은

뜬구름 같고 아침이슬 같고

꿈과 같이 허망하고

그림자같이 잠깐이고

파초(芭蕉)같이 속이 굳은 것 없으며

다겁생(多怯生)으로 쫓아 갈애(渴愛)로 갈애로

얽혀서 왔으며

탐진치(貪嗔癡) 탐진치 속으로 쫓아 왔으며

불안 공포 속에 살아 왔으며

지수화풍 사대연(四大緣)으로 얽혀 왔으며

부정(不淨)으로 부정으로 뒤섞여 왔으며

이 몸은 거짓이니

씻고 입고 먹여도 반드시 마멸(磨滅)되어 없어지는

허망(虛妄)인 것, 실아(實我)가 없음이 아닌가.

유마경 법문(法門) 어찌 잊어지겠는가?

참선공부(參禪工夫) 발심(發心)이 아니고는

자기제도(自己濟度)를 할 수 없음이니…….

공부 시간에 의단독로(疑團獨露)
대의심(大疑心)의 불이 붙지 않으면
정진(精進) 시간이 아니고 수마(睡魔) 시간에 끄달려
허송세월을 보내고
자기에게 남는 주견(主見)이 없고
엉뚱한 고집, 교만, 아상(我相)만 늘어
남에게 도움되는 것 없을 터!

수마에 빠져 놓으면
수마가 두렵고 겁나고 서글프게 생각하기보다는
수마에서 시간이 잘 가는 재미에 빠져
수마를 박차고 나가고자 하는 용기마저 없이
뭐가 뭔지 모르고 허송세월만 하게 된다.
수마보다 더 몇천 배 무섭고
겁나는 것은 나태(懶怠)이다.
나태는 구제불능이다.
나태는 부끄러움이 없다.
'내가 왜 이러고 있나?' 하는 감각이 없다.

무감각은 자기구제를 못한다.
팔만사천마군(八萬四千魔軍) 중에 제일 큰 마군은
나태이지 다른 것 아니다.
나태가 바로 생지옥이다.

사람 사는 존재의 가치는 일이다.
일은 무형의 일, 유형의 일 두 종류이다.
자기구제 수행의 일은 무형의 일이다.
일이 없으면 희망이 없다.
낙이 없다.
존재의 가치가 전혀 없다.
일이 없으니 고독하다. 서글프다.
쓸쓸한 한 마음뿐이다.
타락이다. 나태이다. 천덕스러운 표정뿐이다.
시간이 지옥이다.

유형의 일이 끝나면
꼭 무형의 일 수행으로

자기구제 일이 있게 해야 한다.

독거락자(獨居樂者)가 되게 해야 한다.

수마를 쫓기 위해서

수마를 이겨내기 위해서

어느 때부터 소납(小衲)은 서서히 목탁을 치면서

화두 챙기는 정진을 한다.

이제 수마에 끄달리는 걱정은 안 한다.

"관세음보살" 하고 있는 이놈이 무엇인가

시심마화두(是甚麽話頭)이다.

수마를 이겨내고 쫓아낸 것만도

큰 수확이고 공덕이다.

수마는 큰 적이다.

하지만 몸을 쉴 때에는 쉬어 주어야 한다.

쉬어 주지 않고 '깡' 마르게 한다 해서

하는 것만큼 공부가 향상되지 않는다.

특수한 체질은 예외이다.

자기제도, 구제심(救濟心), 마음공부의 덕목
첫째가 하심(下心)이다.
하심 작복자(作福者)가 되어야 한다.
복과 공부는 떼어놓을 수 없다.
근로작복(勤勞作福)은
가람수호(伽藍守護)의 큰 비중이다.
복자(福者)가 되기 위해서
앞의 선지식(善知識)들은 오래 오래도록
공양주(供養主) 소임을 신심있게 하셨다는
미담을 많이 듣는다.

또 베품의 작복(作福), 보시작복(布施作福)이다.
몸으로도 베풀고, 마음으로도 베풀고,
물질로도 베풀고
베푸는 공덕이 평화의 주인이다.
베푸는 공덕 없이 작복자가 될 수 없고
복(福) 없는 선지식은
대중에게 덕(德)이 될 수 없다.

자기제도 공부의 성공은

필히 작복이 먼저이다.

출가사문(出家沙門)은 출가하는 그 시간 그 날부터

뼈에 사무치는 간절한 신심(信心)이

자기 집이고 자기 절이지

생가집이 자기 집이 될 수 없고

자기 절이 될 수 없다.

사문으로서 간절한 신심이 없다면

자기 생가집도 잃어버리고

절도 다 잃어버린, 집도 절도 없는 고아나

다름없을 터…….

간절한 신심은 처처(處處)가 자기 집이다.

풍요로운 신심이 출가사문의 집이다.

부처, 도인, 큰스님이 그리 대단한 것이 아니고

간절한 신심이 다음 생까지도 이어가는

불퇴보리심(不退菩提心)이

곧 도(道)이고 큰스님이라고
나는 늘 말하고 싶다.
신(信)이 먼저이지 도(道)가 먼저가 아니다.

허공같이 높고 넓은 마음
'실(實)'을 신(信)으로서 자기 기준,
자기 방향(方向), 자기 도(道)를 삼아야 한다.
지식으로 삼는 자기 기준, 자기 방향, 자기 도는
어느 한계에 부딪혀 결국은 설 땅이 없다.

신(信)의 방향은 한계가 없다.
신(信)으로서 자기 방향, 자기 도가 없는 사람은
'무엇이냐' '무엇이냐' 하고 되묻고 싶다.
간절한 신(信)은 본래지(本來知)와 연계 고리,
대자연(大自然)의 신비와 합류
대자연 극비(極秘)와 합일이다.
신(信)이 서면 대자연의 신비와 합일, 합류이니
어찌 신(信)을 등지겠는가?

차면 찬 줄 알고 더우면 더운 줄 아는 지(知)가

무엇인지, 무엇인지……?

지(知)가 곧 지도(至道)이다.

간화선(看話禪) 화두선(話頭禪)이

대자연적(大自然的)이라면

주력선(呪力禪)은 인위적(人爲的)이고

작의적(作意的)이고 의지적(意志的)이라 하겠다.

화두선(話頭禪)은 화두(話頭)에

의심착(疑心着)이 되어야 한다.

의단독로(疑團獨露)가 되어야 한다.

의단독로가 되지 않는 참선(參禪)은

입에 자갈을 물고 있는 것과 같이

답답하고 아무 진도가 없다.

의심착이 안 되는 간화선에

실망하고 어떤 토(吐)를 달지 말고

의지적(意志的)이라도 관세음보살 관세음보살

명호를 모시는 생각, 신앙하는 생각,

호명(呼名)하는 생각이 끊어지지 않고

이어지고 이어지고 하는 힘이 쌓임을
정력(定力)의 힘이라 하겠다.
정력이 되면 지혜가 소생한다.
주력(呪力)의 힘, 결과에는
화두의심(話頭疑心)이 붙게 된다.
주력이라 해서 주력으로 끝이 아니다.
화두의심이 될 때까지
간절하게 주력하면
정력이 자연히 쌓인다.

반복의 힘이 큰 결과를 가져온다.
나무와 나무를 가지고
이가 맞게 반복 반복이 계속되면
열이 나고 나중은 불이 남은 극히 상식이다.
돌과 돌을 가지고 앞에 말한
나무와 같이 반복이 계속되면
결국은 열이 나고 불똥이 튀듯이
우리들 생각도 무형이지만

생각 생각이 쉬지 않고
계속 계속으로 반복이 멈추어지지 않으면
위에 말한 나무와 돌같이
안심정력(安心定力)이 쌓인다.
안심정력이 쌓임을 의심하지 말아야 한다.
물질 금싸라기만 금싸라기가 아니라
우리들이 생각하는 염파(念波)도 금싸라기이다.
물질 금싸라기는 연(緣)이 다하면
결국 흩어지고 흩어진 다음 남는 것은
허탈, 골병, 실망, 원망, 타락,
비통, 우울 가지가지 실망밖에 남는 것 없지만
생각의 금싸라기는 실망 배신이 없다.
마음에 상처가 없다.

생각의 금싸라기가 소중함을
항상 잊지 않게 함이
불교의 지도가 아닌가?
마음 공부는 지혜로운 판단이 더 소중하다.

마음 공부는 간절히 하고 있는

현재가 큰 결과이다.

결과를 앞에 두고 결과를 목적으로 하다가 보면

본인 스스로가 허무병(虛無病)의 환자가 되기 쉽다.

진리는 허무가 아닌데

자기 스스로 허무주의에 빠져드는

사례가 허다하다.

결과는 생각하지 말고

간절히 하고 간절히 하고자 하는 정진이

더 없는 결과라는 지혜로운 판단이

먼저 있어야 실망자가 되지 않을 터…….

중병자(重病者)가 되면 하고 싶어도 할 수 없음이니

하기 싫은 나태가 곧 마군(魔軍)이다.

하고 있는 현재가 고맙지 않을 수 없다.

광부가 광(鑛)에 들어가 금싸라기를 캐내듯이

마음 공부자(功夫者)는

자기 마음을 지혜롭게 다스려야 한다.

마음이 안식되면 하늘과 땅
세상사 모두가 안식이다.
간화선이 성성(惺惺)하게 잘되면
요즘 밖에서 말하는
단전호흡, 뇌호흡, 비파사나선 등을
따로 안 해도 위에 말한
선 공부 속에 다 포함되어 있다고 나는 생각한다.
굳이 단전호흡을 따로 하고
뇌호흡을 따로 하고
비파사나선을 따로 또 하는
번거로움에 나중엔
뭐가 뭔지 큰 혼란이 올 것이다.
산이 있으면 길이 있어야 한다.
산만 있고 길이 없으면 산에 갈 수 없듯이
마음 공부도 지도하는 선지식이 꼭 계셔야 한다.
마음 안식에서 자기발전,
가정발전, 이웃발전,
나라 전체가 큰 발전이다.

마음이 먼저이지 부처, 신(神)이 먼저가 아니다.

게송(偈頌)

'이 뭣고 이 뭣고' 무엇이 '이 뭣고' 하는지

나도 모르고 너도 모르고

부처도 모르고 일체중생(一切衆生)

모두가 모를 것으로……

모를 줄 아는 실(實)에는

부처도 아니고

중생도 아니고 천당도 아니고

지옥도 아닌 무엇인지 무엇인지……

금정산(金井山)이 웃고 있네.

'이 뭣고 이 뭣고'가

나의 스승

나의 도반(道伴)

나의 가족

우리의 대중
나의 독거락(獨居樂)은
내가 부지런히 가는 길
'이 뭣고 이 뭣고' 이다.

마음의 건강이 지존이고
마음의 건강이 하늘이고
마음의 건강이 신이고
마음의 건강이 석가이고
마음의 건강이 예수이고
마음의 건강이 처처의 안식이고
참선참구(參禪參究)는 마음건강 회복일세.

2. 의단독로(疑團獨露)

무엇을 두고 의단독로(疑團獨露)라 하는가?

다시 설명한다면

눈으로 보고, 귀로 듣고, 입으로 말하는

실체가 무엇인지 무엇인지…….

의정(疑情)이 끊어지지 않는 경지.

그리고 또 입으로

관세음보살 관세음보살

관세음 명호(名號)를 칭하지만

입 이전 관세음보살 실체가

무엇인지 무엇인지

알고 싶은 분발심(奮發心)과

끝까지 알고 싶은 의문심(疑問心)이

끊어지지 않는 대발심(大發心), 대의문심(大疑問心)이

안팎으로 성성(惺惺)하게 가득하여

이어가고 이어감을

의단독로라 하고 의단독로 화두라 한다.

의정(疑情)만 홀로된 내면성을 의단독로라 하겠다.

화두의 핵이 의단독로이다.

중생계 모두 모두는

몸과 마음이 건강하게 사는 삶의 덕(德)이

의단독로의 화두이다.

의단독로 화두는

도(道) 중에 최상승(最上乘)의 도이다.

자기구제가 곧 도이다.

자기구제의 분발심(奮發心)이 의정(疑情)이다.

의정이 아니고는 자기구제를 할 수 없다.

자기구제에 둔감함은 크게 슬픈 일이다.

아무 생각 없이 사는 것,

아무 감각 없이 사는 것,

모두가

슬픈 일이 아닌가?

현재 우리가 쓰고 있는 육신은

하나의 생물이다.

생물은 어느 순간, 어느 찰나에

어떤 변화가 생길지

그 누구도 장담하지 못한다.

변화의 무서움이다.

오줌똥을 포장하는 육신 속에서도

중생들을 구제할 의단독로,

화두 위신력이

우리 불교계에서 포교되고 있음은

불교계의 큰 역할이고, 큰 공헌이며

위로 조사 스님들과 부처님께 크나큰 감사이고

지심정례(至心頂禮)이다.

의단독로 화두는 자기구제에

아무 부족함이 없다.

의정 성성(惺惺)함이 독거락(獨居樂)이다.
웰빙(well-being) 중의 웰빙이다.
화두 공부가 아니고는
우주공간을 다 다녀본다 해도
독거락 성취가 어렵고 어렵다.
독거락 성취에는
돗자리 한 장과
소식(小食)에 소식이면 되는 법이니
석가모니 부처님도
돗자리 한 장, 소식의 소식으로써……
독거락 성취가 구경(究竟)이지
무슨 과시가 구경이 아니다.

자기 마음 하나 잡으면
천하가 태평성대이고
천하 두두물물(頭頭物物) 모두가 보배의 보배이다.

먼저 자기 마음을 잡아야 한다.

안정을 시켜야 한다.

어리석고 별나고 별난 것이 사람의 마음이다.

어리석고 별난 마음들을

제자리에 있게 하는 것이 선(禪)이다.

몸과 마음이 흐트러진 모습을

간결하게 하고,

정결하게 하고

화장(花莊)되게 하는 것이

선(禪)의 자세이고, 선의 본질이다.

선은 내면성 풍요, 생산성이다.

자기 내면성이 풍요한 데에서

타인에게 평화를 줄 수 있는 인격자가 될 수 있다.

내면성 풍요가 만덕(滿德)이고 만덕이라 하겠다.

성성(惺惺)한 의정화두(疑情話頭) 위력을

감(感)으로 거듭 말해 본다면

산림욕(山林浴)과 같다 하겠다.

오뉴월 한창 무더워

구슬땀과 비지땀이 감당 안 될 때,

밀림 숲 속에 들어가면

산림욕으로

몸과 마음이 가뿐하고, 시원 시원하듯

성성한 화두의 위력은

가마솥 찜통더위 고(苦)를 거뜬하게 차고 나간다.

화두 득력자(得力者)가 아니면

무슨 말인지 하겠지…….

본래 자기가 가지고 있는 대자연의 힘으로

자기고(自己苦)를 가뿐하게 해결하는 노력이니

얼마나 조용하고 소리 없는 힘인가?

엄동설한의 추위도

거뜬하게 이겨냄이 화두의 힘이다.

화두자는 항상 기분이 거나하다.

술 좋아하는 사람이 술 한 잔 하고 나면

거나한 기분에 취해 있듯이

화두자는 항상 기분이 거나하다.

술 좋아하는 사람이 술 한 잔 하고 나면
거나한 기분에 취해 있듯이
화두자는 술을 안 마셔도
술꾼이 술 한 잔 한 것 같이
화두의 위력으로
풍요로운 내면성에 늘 거나한 기분과
마음의 덕을 가지고 있다.
화두자가 의정(疑情)이 메마르고
깡마른 마음을 가지고 있으면
아직 화두 득력자가 못되었다.

골프를 치고, 낚시를 하고,
도박을 하고, 외박을 하고,
술에 중독이 되는 분주함이 없어도
화두자는
자기 참구락(參究樂)에 취해서
언제 세월이 가는지,
사계절이 가는지,

세상사 모두를
방하착(放下着)하는 극락이다.
의정(疑情)의 열기는,
의정의 분발심(奮發心)은
시시비비를 놓아버리게 하는
명약 중의 명약이다.

탐진치의 이글이글한 화택(火宅)에서
화택의 불을 끄고 연화장(蓮華藏)으로
승화하는 화두법
부처님의 법(法)이 아니고야 감히 어디서…….
성성한 화두 위력 앞에는
삼세의 무겁고 두터운 업장도
태양 앞에서 눈이 녹아지듯이
업장이 녹아지는 법
녹여낼 수 있는 위력인 법…….
무겁고 두터운 업장이 녹아지지 않고는
대해탈자가 될 수 없는 법

대자유인이 될 수 없는 법
업장의 원인은 자기로부터이지
타인으로부터가 아니기에
자기가 분발해야 한다.

의정화두의 역할은
누적된 인식을 벗어나서
본래지(本來知) 회복이다.
본래지에는 생로병사가 없다.
본래지는 적적(寂寂)이다.
적적이지만 연(緣)이 닿으면 즉각 반응한다.
차면 차다는 반응,
따스하면 따스하다는 반응,
차고 따스한 연이 닿기 전은
공(空)이고 적적이다.

본래지 대자연에는
본래 생로병사가 없다는 논리에

허점이 없지 않는가?

자성(自性)은 연(緣)으로써 확인할 수 있는 법

연이 닿기 전은 확인하기 어렵다.

송장은 연이 닿아도 아무 반응이 없다.

천지 삼라만상 모두가 공기 속에 살지만

은혜로운 공기를 눈으로 볼 수 없고,

만져 보지 못함이니

눈으로 볼 수 없고,

손으로 만져 볼 수 없다고

자성의 신비를 가볍게 여기지는 못하는 법.

우리 불교는 자성의 신비를

지존화(至尊化)하는 것이지 다른 법이 아니다.

불가의 화두는

자성을 확인하는 대지혜이다.

신행심이 아니고, 화두 공부가 아니고는

자성을 지혜롭게 확인할 수 없다 해도

큰 허물이 아닐 것으로…….

화두예찬(話頭禮讚)

※ 화두(話頭)가 있으면 첩첩산중 정상에
　　혼자 있다 해도 외롭지 않으며
　　고독하지 않으며
　　쓸쓸하지 않으며
　　심심하지 않으며
　　오로지 화두 하나만으로도…….

※ 화두가 곧 대중(大衆)이고, 친구이고,
　　도반(道伴)이고,
　　스승이고,
　　불보살이고
　　존재의 가치가 넘쳐 흐르는 환희이다.

※ 화두자는 화두가 대축제이지
　　다른 것이 축제가 될 수 없다.

※ 화두가 대가람(大伽藍)이고
　도량(道場)이고, 전통(傳統)이고
　정법(正法)이고, 가풍(家風)이고
　혈맥(血脈)이다.

※ 화두가 건강이고 쾌적이다.

※ 화두가 곧 감로(甘露)이고 청풍(淸風)이고
　허공(虛空)의 만월(滿月)이다.

※ 화두 앞에는 삼세의 업장도 다 녹아지는 법.

※ 화두 위신력에는
　이글이글한 번뇌망상도 힘을 쓰지 못하는 법.
　화두 속에 파묻혀 있노라면 시간이 언제 가는지,
　세월이 언제 가는지, 언제 가는지, 언제 가는지…….

※ 화두가 웰빙이다.

화두는 긴 것도 아니고 짧은 것도 아니고
더한 것도 아니고 덜한 것도 아니고
형체도 없고 색깔도 없어
다만 '이 뭣고, 이 뭣고' 간절한 의정(疑情)만이
화두의 생명이고 화두의 생기(生氣)이다.

※ 화두자는 분주한 자갈치 시장에서도
한가한 절같이 분주함에 장애를 받지 않는다.

※ 화두자는 산중은 산중대로
시장은 시장대로
그때그때 주어진 환경에 잘 적응한다.
불편을 탓하지 않는다.

※ 석가모니 부처님도 화두가 좋아서
화두를 골똘히 알고 싶어서
위법망구(爲法亡軀)해서라도 법을 깨닫고 싶어
높고 높은 전륜성왕(轉輪聖王)의 자리도

헌신짝같이 던져 버리고
화두의 길 찾아 천리만리…….

※ 화두자는 화두가 곧 대통령의 자리이다.

※ 화두가 가장 높고 귀한 지존이다.

※ 화두는 내면성 보고(寶庫)이다.

※ 밝고 밝은 화두 앞에는
사(邪)가 엄습할 수 없다.

※ 인간 승리의 위력은 화두의 힘이다.
인간 승리자가 꼭 되게 분발해야 한다.

※ 범어사 선원장(禪院長) 인각 스님,
화두를 자기 생명처럼 아껴야 한다고 했다.
화두를 자기 생명같이 신심을 다하는데

의단독로자(疑團獨露者)가 되지 않을 수 없다.

※ 금생에 이 몸을 제도하지 못하면
　다음 생에 자기를 제도할 수 있겠는가 하는
　조사 스님의 법문을
　자나깨나 항상
　생각하고 생각하는 것이
　우리들이 갈 길이고 꼭 해내어야 할 일이다.
　인간의 말없는 최상의 낙(樂)은
　의단독로(疑團獨露) 화두(話頭)만이…….

3. 깨어 있어야 할 마음

자기성찰(自己省察), 자기제도(自己濟度)의 길은

미래가 있다.

미래가 확실하다.

미래가 탁 트여진다.

미래가 밝고 밝다는 신(信)이다.

창창한 미래이다.

쾌적한 미래이다.

건강한 미래이다.

아무 걸림 없는 미래이다.

홍익인간(弘益人間)의 미래이다.

꼭 가야 할 미래의 길이다.

자기성찰, 자기제도의 길은
잘못된 길이 아니다.
미신의 길이 아니다.
어리석은 길이 아니다.
안 가면 안 되는 길이다.
안 가도 되는 길이 아니다.
가도 그만 안 가도 그만의 길이 아니다.

자기성찰의 길이 아니고
밖으로 외경(外境)에만 끌려가는 길은
모두가 다 지나고 나면
일시의 꿈이고
환상이며 물거품이니
무겁고 무거운 업(業)밖에
자기에게 남는 것이 없다.
자기 정신이 자기의 육신을 이겨내어야 한다.
견뎌내어야 한다.
이겨내지 못하고 견뎌내지 못한다면

자기의 육신이 자기를 도로 잡아먹는 호랑이가 되며
자기 육신에게 자기가 잡아먹혀 들어가는
비극의 말로자(末路者)
불쌍한 말로자가 됨이니……
내가 가야 할 길, 우리가 가야 할 길
회복해야 할 세계는
항상 깨어 있는 내면성(內面性), 밝아 있는 내면성,
쾌적한 내면성, 건강한 내면성.
육로 고속도로처럼
우리들 내면성 도로도 사방으로 탁 트여 있어야 한다.

밖으로 향한 육로는 넓고 트여져 가는데
사람들의 마음 도로는
세월이 갈수록
더 좁아지고 더 무서워지는지.

항상 깨어 있는 내면성의 공덕이
더 소중하지만……

범부들은 깨어 있는 내면성보다도
자기들의 마음을 무겁게 하는
소유권에만 탐착함이니……
항상 밝고 깨어 있게 하는 마음 공부가
우리 불교의 염불, 참선이다.
염불참선자(念佛參禪者)는
자기의 내면성이 늘 밝고 깨어 있다.

수행 이전의 사람들 마음은
야생마처럼 헐떡이지만
수행이 익혀지면
야생마 같은 마음도 수정처럼 맑고 고요해져서
본인들 뜻대로 되는 것이
수행의 공덕이다.

사람이라면 누구나 다 높고 낮은 고하가 없이
마음 공부 수행을 해야 한다.
수행을 하면 자기 마음을 자기 마음대로

수용할 수 있음이니
자기 마음을 자기 마음대로 수용하고
자기 뜻대로 한다면
천하의 왕자가 아닌가?

왕자가 되려면
자기 마음부터 먼저 잡아야 한다.
야생마도 길들이는데
자기 마음 자기가 왜 잡지 못하는가?
자기성찰, 자기제도, 자기정화의 일이
일 중에서 제일 큰 일이다.
끝이 없는 일이다. 다함이 없는 일이다.
세세생생 끝없는 일이다.

일은 낙이다.
일은 건강이다.
일은 새 천지이다.
일은 항상 기쁜 잔치이다.

일은 곧 삼매이다.

일은 무궁한 발전이다.

외경(外境)의 일에서 안으로

자기 내면성 정화(淨化)의 일로 이어가는 행(行)이

불교의 일이다.

이 세상 존재의 가치는 일이다.

일이 없으면 자기 위치가 없다.

일이 없으면 고독이다.

일이 없으면 식물인간이다.

살아 있는 송장이다.

숨쉬는 송장이다.

타락이며 비관만 온 천지에 가득할 뿐이다.

세상의 화제(話題)는, 세상의 우뚝은

자기 승리이다.

자기 내면성의 승리이다.

자기 내면성의 승리에는

아무 상처가 따를 수 없다.

불변의 승리이다.

영원한 승리이다.

영원한 평화이다.

승리가 곧 낙이다.

염불 참선은 자기 내면성 승리의 길이다.

자기성찰, 자기제도의 공덕을 쌓는

끊임없는 정진 시간은

세상에서 가장 복된 시간이다.

황금의 시간이다.

세상에 무엇과도 바꿀 수 없는 시간이다.

바꾸어도 안 되는 시간이다.

만인에게도 홍익(弘益)되게 하는 시간이다.

의식개혁의 시간이다.

의식발전의 시간이다.

억겁 동안 잘못된 의식을 개혁하는 것이

불교의 정법(正法)이다.

삼세의 업장을 녹여 들어가는 시간이다.

다겁생에 익혀온 업장을 소멸되게 하는 시간이다.
생도 없고, 사도 없고, 중생도 없고, 부처도 없고,
극락도 없고, 지옥도 없고, 다겁의 업장도 없고,
녹여야 할 업장이 본래부터 없는
본래지(本來知), 본래영지(本來靈知)를
회복하고자 자기제도에 분발하는
정진 시간만이
복된 시간이고 황금의 시간이다.

염불과 참선하는 신심은
자기의 내면성을 깨어 있게 하고
밝게 하는 공덕이다.
내면성을 탁 트이게 하는 공덕이다.
내면성을 방하착(放下着)하는 공덕이다.
내면성을 다 비우게 하는 공덕이다.
내면성의 집착을 다 놓아버리게 하는 공덕이다.
마음을 다 비우고 놓아버리는 데에서
안식이고 평화이지…….

마음을 비우지 않고, 놓아버리지 않으면
안식과 평화가 아니라
태산같이 무거운 마음, 바위같이 무거운 마음속에서
물에 빠진 사람처럼
일생동안 허우적거리는 지옥고이다.
거듭 말하건대
마음을 비워야 한다.
놓아야 한다.
방하착해야 한다.
마음을 들기만 하고 놓을 줄 모르면
탐착을 벗어나지 못하고
마음을 놓고 방하착만 한다면
현실을 외면하는 허무주의자,
염세주의자가 되기 쉽다.
마음을 들 때에는 들고, 또 놓을 줄 아는
자재자(自在者)가 되어야 한다.
자재자가 되는 것이 구경(究境)이다.

마음은 무량(無量)이다.

무진(無盡)이다.

무량무진의 마음이 곧 신비이고 극비(極秘)이다.

신비의 마음, 극비의 마음을

속으로 참구하고 참구하는 것이

불교의 선(禪)이다.

선(禪)함으로써 밝은 지혜가 창출된다. 터득된다.

선의 구경은 밝은 마음, 깨어 있는 마음이

끊어지지 않고 항상 유지되게 하는 것이니

선의 보람이고 공덕이다.

항상 깨어 있고 밝은 마음이

정법(正法)이고, 법당(法堂)이고, 도(道)이고,

큰 가람(伽藍)이고, 도량(道場)이고,

여여(如如)이고, 진여(眞如)이고, 묘법(妙法)이고,

마군(魔軍)이 엄습하지 못하는 위신력(威神力)이다.

똥통이고 오줌통이고 육신덩어리라 해도

내면성이 깨어 있는 밝은 공부자(工夫者)라면

똥통, 오줌통이 곧 법이고, 법당이고,
부처이고, 대자유자(大自由者)이고,
해탈자(解脫者)이다.
오줌 똥 밖에서 법을 찾는 것은 외도(外道)이다.

깨어 있고 밝은 본래지(本來知)에는
고하(高下)가 없다.
'너' 와 '나' 가 없다.
'중생이다, 부처다, 지옥이다, 천당이다' 하는
분별심 모두가 하나의 물거품밖에 아무 가치가 없다.
오직 깨어 있고 밝은 마음만이
세상의 주인이다.
어디에도 걸림이 없는 주인자(主人者)가 되어야 한다.

불안, 공포를 없애는 것이 선(禪)이다.
참선자(參禪者)가 되면 불안, 공포가 없다.
허위가 없다.
대자연의 진실로 돌아가는 것이

선(禪)의 구경(究竟)이다.

자성(自性)은 본래가 청정(淸淨)이다.

자성은 본래부터 밝고 밝음이다.

자성은 본래부터 신령스러움이다.

자성은 세세생생 불변이다.

자성은 세세생생 더도 아니고 덜도 아니다.

자성은 처소(處所)가 없다.

자성은 그때그때 인연(因緣) 따라 주인이 되는 법.

자성은 신비이다.

자성은 묘법(妙法)이다.

본래청정(本來淸淨) 자성(自性)의 근원을

회복하고자, 알고자 깨닫고자 정진함이

자기성찰, 자기제도이다.

자기성찰, 자기제도의 시간이

가장 복된 시간이다.

가장 지혜로운 시간이다.

가장 맑고 밝은 시간이다.

가장 건강한 시간이다.

가장 쾌적한 시간이다.

우리 모두 모두는 자기성찰, 자기제도로써

세세생생 깨어 있는 주인이 되어야 한다.

항상 밝은 주인이 되어야 한다.

4. 선(禪)의 혈맥(血脈)

눈으로 볼 줄 알고,

귀로 들을 줄 알고,

입으로 말할 줄 아는 본법(本法)은

본래 대자연의 법이다.

대자연의 법을

직접 증득해 낼 수 있는 위신력은

의정(疑情)이 끊어지지 않은 화두의 힘이다.

의정이 끊어지지 않은 화두의 기력(氣力)을

예로 든다면

밝은 플래시와 같다 하겠다.
깜깜하고 어두운 곳이라도
자유자재하게 비추어 볼 수 있는 기력과
비추어 내는 기력이 밝은 플래시이다.
의정이 없는 화두,
의정이 일어나지 않는 화두는
건전지 없는 플래시와 같다 하겠다.
의정 없는 화두는
건전지 없는 플래시를
그저 무겁게 들고 있음과 같다 하겠다.
건전지 없는 플래시는 깜깜한 곳을
밝게 할 수 없듯이
의정 없는, 화두의정이 일어나지 않는 화두는
애써 공부한다 해도
공부한 것만큼 공부 향상이 없고
공부 향상이 없으니
자기 스스로가 허무주의에 빠지고
자기 잘못은 생각하지 않는다.

비추어 본다 해서, 비추어 보았다 해서
어떤 위치에서
'성품'이란 형체가 있고,
모양이 있고 색깔이 있음을
'놓고서 비추어 본다. 비추어 보았다'가 아니다.
성(性)의 실체는 모양도 없고,
색깔도 없으며 어떤 형체도 없이
허공같이 텅텅 비어 있으나,
비었다 해서 그저가 아니고,
허무가 절대로 아니고,
연(緣)이 닿고, 연을 만나면
즉각 모양과 색깔, 형체의 길고 짧은 것,
천억 만억 중중무진(重重無盡)을 나툼이
성의 본질, 성의 위신력이다.

있다고 집착하면
상(相)으로써 큰 병이 되고,
없다고 하면 허무(虛無) 실망으로써

생기가 없이 염세자(厭世者)가 됨이니
있음도 아니고 없음도 아닌
묘(妙)가
성(性)의 극비(極秘), 성의 묘(妙)이다.

'성 따로, 화두 따로'가 아니고,
성과 화두의 의정이 성성(惺惺)하여
성과 화두의정이 하나가 되는 경지,
하나가 되는 위신력의 '맛'이
감(感) 잡히는 '실(實)'을 증득(證得)이라 하고
깨달음이라 하겠다.

거듭 말한다면
성(性)은 아무 형체가 없다.
형체가 있음을 본 것은 어디까지나 '헛것'이다.
형체 있음을 본 것은
식광(識狂)이라고도 하겠다.
성과 화두가 하나 되는 위신력의 감을

증득이라 하고,

경(經)에는 견성(見性)이라고 한다.

'견성' 이라는 말뜻이

성이라는 모양이 있음을 본 것으로 생각하는

대혼란을 일으키기 쉬울 수도 있다.

성은 연(緣)이 없다.

한계가 없다.

어떤 룰(rule)이 없다.

무한이고 무량이다.

아무 문(門)이 없다. 무문(無門)이다.

감(感)으로써 견성이고, 감으로써 증득이다.

감으로써 깨달음이라고 함이다.

성(性)이 맑음이 천상의 복이라 하겠다.

지극한 신심이 끊어지지 않음이

무량의 복이고,

무량의 낙(樂)이라 하겠다.

물량(物量)의 낙은 무상(無常)을 벗어날 수 없다.
의정(疑情)이 항상 뚜렷함을 활선(活禪)이라 한다.
간화선이 아니고는
성(性)의 극비(極秘)를 비추어 감잡을 수 없고
성(性)의 신비(神秘)와 하나 되는 연계고리인
신(信)을 세울 수 없다.
플래시가 아니고는
어두운 곳을 밝게 비추어 볼 수 없듯이
간화선의 기력(氣力)이 아니고는
성의 신비가 어떠하다고
논리를 펼 수도 없고,
중생들에게 전해 줄 수 있는
책임을 다하지 못한다.

책임을 다하지 못하고
책임을 밝게 하지 못하는 불교는
죽은 송장의 불교이다.
송장 불교는 역사의 주인이 될 수 없다.

성을 논할 수 있는 정진이 없고,

성을 논할 수 있는 깊이가 없고,

사상이 없고,

극비가 없고,

신비의 체험이 없이도

중생을 제도한다고 함은

고기를 잡는데 그물 없이

왔다 갔다 하는 것과 같다 하겠다.

고기 잡는데 그물 없이

얼쩡얼쩡 하는 것은 외형뿐이지

안으로는 남을 속이는 처사뿐이다.

간화선의 삼대요체(三大要諦)

1. 대신심(大信心)

2. 대의정(大疑情)

3. 대분발심(大奮發心)

대분심(大奮心)의 위력이 아니고는
자기성찰, 자기제도의 정법이 될 수 없고,
최상승법(最上乘法)이 될 수 없음이다.
타인의 제도보다도 자기제도가 먼저이다.
자기제도 없이 남을 먼저 제도하고자 함은
자기의 욕심을 벗어나지 못함이다.
자기과시, 자기허세일 뿐이다.
간화선의 위신력이 아니고는
아공(我空) 법공(法空) 삼계(三界)의 모두가
공(空)이 법(法)임을 증득하지 못한다.

신(信)이 아니고는
공(空)의 실(實)에 접근할 수 없고
어떤 뼈대를 세울 수 없고,
법(法)으로 가는 방향감을 잡을 수 없고
방향의 신(信)이 서지 않고
방향의 도(道)가 잡히지 않는다.

화두참구의 의정이 발(發)하지 않는다 해서
공부를 포기한다든지
소홀히 한다든지 가벼이 여긴다든지 함은
스스로 지옥고에 빠져듦이다.
하기 싫어하고 나태심에 빠져들면
영 헤어날 수 없는 자기 지옥이다.
첫째 나태(懶怠)는 마군 중의 마군이다.
나태 이상 더 무서운 적은 없다.

의정이 없는 신행심(信行心)으로도
자기제도에 부족함이 없다는
신(信)이 굳게 서 있어야 한다.
신행심을 하늘과 같이 여겨야 한다.
천금같이 여겨야 한다.
황금같이 여겨야 한다.
전쟁터에서 갑옷과 같이 여겨야 한다.
삶의 현장은 전쟁이다.
전쟁은 이겨내어야 한다.

승리하기 위해서는 갑옷을 입어야 한다.
신행심이 바로 갑옷이다.

철창에 갇혀 있는 '호랑이' '사자'
가지가지 동물들 모두가
자나깨나 한결같이 밖으로 나가고 싶어하고
자유롭게 훨훨 뛰고 싶어한다.
갇혀 있는 동물의 애타는 마음같이
우리 사람들도
늙고 병들어 가는 천덕꾸러기
철창인 무상(無常)을 벗어나고자 하는
대발심자(大發心者)가 되어야 한다.

5. 선삼매(禪三昧)

선(禪)은 자기 정신세계를 통일,

화장장(花莊藏)을 성취한 황금의 세계이다.

물질적인 황금은

공포와 불안이 따르지만

자기 내면세계를 통일한

황금의 세계에서는

불안, 공포가 있을 수 없다.

자기 정신세계를

자유자재하게 장악함이다.

선(禪)은 안식(安息)이다. 자유이다.

항상 기쁜 마음이다.

항상 건강한 마음이다.

항상 넉넉한 마음의 유지이다.

선(禪)은 자기성찰과 자기제도가 구경(究竟)이다.

어디 하늘나라로 가는 것이 구경이 아니다.

자기제도로써

현재 자기 낙원 성취가 먼저이다.

자기제도가 먼저 되게 분발해야 한다.

자기제도가 곧 전인류에게 공헌이다.

자기제도 성취자는

처처(處處)가 자기 낙원이고 독거락(獨居樂)이다.

선(禪)은 활동하는 힘

정신세계가 쉬지 않고, 쉬지 않고 활동하는 것

내면세계를 발기(發起)하는 것

자기성찰, 자기참구는

삼세에 누적(累積)된 그 무엇도 다 해결할 것으로

나는 믿는다.

자기참구는 안식(安息)의 공덕이다.
자기참구는 자기 내면성의 낙원이다.

마음은 무량이다.
무량의 마음은 본래 대자연이다.
무량의 마음과 하나 되게 하는 것이
선(禪)의 요(要)이다.
연계 고리 되게 하는 것,
합일상(合一相)이 되게 하는 것.

삼매(三昧)의 공덕을 말로써 표현해 본다면
천 갈래 만 갈래로 흩어지는 마음
산란해지는 마음,
산산이 갈라지는 마음,
산산이 짜개지는 마음,
산산이 찢어지는 마음,
무질서해지는 마음을
하나로 통일된 경지,

하나로 고요해진 경지,
적적해진 경지로 만든다 하겠다.

평안의 극지(極至),
안정의 극지,
성성적적(惺惺寂寂)의 극지,
아무 산란이 없는 극지,
의단독로(疑團獨露) 화두만이
자기 내면성이 항상 깨어 있음의 극지,
내면성이 항상 밝음의 극지,
내면성이 가득함의 극지이니…….

내면성이 혼침(昏沈)되지 않고,
항상 밝고,
항상 깨어 있고,
항상 건강하고,
항상 쾌적하고,
항상 활기차며

한결같이 신심을 이어가고 이어감이 곧 천당이다.

현재 자기 눈앞의 천당이 천당이지

사후의 천당이 천당이 아니다.

내면성이 깨어 있고 밝으면

앉아도 천당, 서도 천당, 걸어도 천당,

24시간 거래처(去來處)가

천당 아닌 곳이 어디에 있겠는가.

내면성이 깨어 있고 밝다면

불안자(不安者)가 아니다.

공포자(恐怖者)가 아니다.

탐착자(貪着者)가 아니다.

필요 이상 탐착자가 아니다.

불안자, 공포자, 탐착자, 집착자(執着者)가 아니면

곧 대자유인(大自由人)이 아닌가?

대안식자(大安息者)가 아닌가?

석가모니 부처님도 출가의 구경(究竟)이

현재의 안식자,
현재의 대해탈 성취가 먼저였지
사후 천당은 논하지 않았다.
재벌가는 재벌가일 뿐이지
안식자는 아니다
안식은 다음 생까지도
아니 영원히 자기 가족이 되어 주지만
재벌은 언제 어떻게 변할지 초조할 뿐…….

먼저 안식자가 되게 노력함이 지혜자(智慧者)이다.
본인 수행의 힘으로
파도같이 어지럽고 산란한
자기 정신세계를 하나로 통일되게 한 공덕
안정되게 한 공덕이
밖으로 천하를 통일한 공덕보다
더 높고 귀하다고 하겠다.

선(禪)의 힘은 자기 마음을

자기가 자유자재하게
지혜롭게 활용함에 궁색하지 않음이다.
참선한다 해서
어디 하늘로 훨훨 날아가는 것이 아니다.

지수화풍(地水火風) 인연으로 구성된
육신(肉身) 사대(四大)는 인연으로 모였으니
인연이 다하면
지(地)는 한줌의 흙으로 가고
수(水)는 물로 돌아가는 법
화(火)는 불로 변하는 법
풍(風)은 바람으로 각각 흩어지고 나면
홀로 남는 나의 주인공을
제도하고자 생각하고 생각하는
지극한 신심이 선(禪)의 간절한 마음이다.
우리들의 주인공은 본래 대자연이다.
본래부터 밝고 밝은 신령스러운 무(無),
불변의 영지(靈知)이다.

본래부터 아는 본래지(本來知)이다.

본래지(本來知)의 예찬(禮讚)과 예경(禮敬)

본래지는 하늘 땅 이전부터이다.

본래지는 시작도 없고 끝도 없다.

본래지는 식(識)이 아니다.

본래지는 식 이전부터이다.

본래지는 식이 아니고

식 이전부터이기 때문에

생로병사(生老病死)가 없다.

본래지는 불생불멸(不生不滅) 불구부정(不垢不淨)

부증불감(不增不減)이다.

본래지는 시간 이전 공간 이전이다.

본래지는 너도 아니고 나도 아니다.

본래지는 지옥도 아니고 천당도 아니다.

본래지는 탐진치(貪嗔癡)가 없다.

본래지는 동서남북이 없다.

동서남북이 없지만 동서남북을

분별할 줄 아는 것이 또 본래지이다.

동서남북을 분별 못하는 것은

또한 본래지가 아니다.

억만년 전 본래지나

현재의 본래지나 앞으로 억만년 후의

본래지나 본래지는 하나이고

본래지는 불증불감이다.

본래지는 영원토록 불변이다.

본래지가 곧 법신(法身)이다.

중생들의 예경처(禮敬處)는

본래지이지 다른 것 아니다.

본래지가 불공처(佛供處)이고 기도처(祈禱處)이다.

본래지 밖의 다른 곳 아니다.

본래지 밖의 다른 곳 예경은

허상(虛像)이고 미신(迷信)이다.

본래지는 나도 모르고 너도 모르는 법.

아니 역대조사(歷代祖師)도, 제불(諸佛)도

다 모른다고 했으니

안다 해도 삼십방(三十棒), 모른다 해도 삼십방…….

본래지 자성이 무엇인지 무엇인지…….

본래지는 연(緣) 이전에는 적적(寂寂)이지만

연이 닿으면 즉각 반응하니

연이 닿으면 냉난자지(冷暖自知)이다.

중생들의 냉난자지나

축생들의 냉난자지나

작디 작은 곤충들의 냉난자지나

성현들의 냉난자지나

악인들의 냉난자지나

갓난아기들의 냉난자지나

노인들의 냉난자지나

왕, 임금의 냉난자지나

거지들의 냉난자지나

다 같은 하나이지 다르지 않으니

냉난자지는 고하(高下)가 없다.

너 나가 없다.

과거, 현재, 미래 삼세가 없다.

삼세가 뚝 끊어진 본래지가
절대자(絶對者)의 가치이다.
불성(佛性)의 자리이다.
신령(神靈)의 자리이다.
신비(神秘)의 자리이다.
세세생생 알 수 없는 극비(極秘)의 자리이다.
절대자의 자리이지만
연이 닿으면 즉시감응(卽時感應)한다.
본래지와 내가 하나이지 둘이 아니다.
하나이면서 둘, 둘이면서 하나이다.
따로따로가 아니다.

곤충들의 세계를 보노라면
그들은 먹을 것이 아니면 짝짓는 것
짝짓는 것이 아니면 먹는 것 외에는
다른 시간은 없다.
자기 내면성을 밝게 하는
자기 시간 자기 자성을 깨어 있게 하는

자기 내면성을 풍요롭게 하는
자기 시간은 관심 밖이니
다른 차원은 없다.

사람이라면
깨어 있는 자기 시간이 있게 해야 한다.
항상 밝은 자기 시간을 창조해야 한다.
밝은 자기 시간
깨어 있는 자기 시간
풍요로운 자기 시간
지혜로운 자기 시간
품위 있는 자기 시간, 이것보다 더 복된 시간은 없다.

안으로 항상 깨어 있음이 자기 시간이다.
깨어 있지 않고 겉으로 한눈 파는 것은
살아 있는 송장이지 다른 것이 아니다.
송장 노릇하기 위해서 이 세상에 온 것이 아니다.
사람 몸 받는 것

백천만겁난조우(百千萬劫難遭遇)라는
부처님 법문(法門).
우리들 사람 몸 받기가 백천만겁에도
참 육신 받기가 어렵다는 말씀이다.
백천만겁에도 받기 어려운
사람 몸 받은 황금 같은 기회를
항상 고맙게 생각해야 한다는 뜻이다.
사람의 지중한 몸을 받아야만
자기성찰, 자기제도를 해야 한다는
간절하고 절실한 생각이 발(發)해지지
다른 축생 몸을 받아서는
자기성찰, 자기제도가
소중하다는 생각이 나지 않기 때문에
현재 우리들의 사람 몸 받음을
존중해야 한다는 뜻이다.

샘의 물이 아무리 좋다 해도
늘 퍼 쓰는 데에서

다음 좋은 물이 생산되지
퍼 쓰지 않고 '고인 물' 그대로 두면
좋은 '새 물'이 될 수 없다.

우리 사람들의 마음도 물을 퍼 쓰듯이
쓰지 않으면 오염된 마음이 되고,
타락한 마음이 되고, 노쇠한 마음이 되고,
병든 마음이 되고, 불쌍한 마음이 되고,
아무 생각이 없는 마음이 되고,
아무 희망이 없는 마음이 되고,
탐진치에만 빠져드는 마음이 되고,
긴 한숨만 쉬는 마음이 되고,
저 허공만 쳐다보는 마음이 되고,
서글픈 마음만 지어내는 표정이 되고,
아무 기상(氣像)이 없는 서글픈 자가 되고,
천지신명이 돌보고 싶어도 돌볼 수 없는
타락자가 됨이니,
우리들은 생각하고

거듭 생각해야 한다.

자기성찰, 자기제도는 남의 일이 아니다.
자기 일 자기가 서두르는 것이
불교의 정법이고 불교의 원(願) 사상이다.
극락 천당은 그 다음 일이다.
사람이라면 누구나가
자기의 마음을 펴 쓸 수 있는
작업장(作業場)이 있어야 한다.
작업장이 곧 수련장(修練場)이다.
작업장이 염불(念佛), 참선(參禪)이다.
염불, 참선 일과(日課)가 이어지고 이어진다면
절대로 허전한 표정, 공허한 표정
공허한 마음이 있을 수 없다.
당당한 기상과 당당한 삶이다.
시간이 부족한 삶이다.

대자연과 내가 하나이지 둘이 아니다

대자연과 내가 하나 되게 정진하고
정진함을 멈추지 않음이 선삼매(禪三昧)이다.
하나로 통일된 마음이
지상극락(地上極樂)이고 대도(大道)이고
대해탈(大解脫)이고 대자유(大自由)이고
대연화대(大蓮花臺) 세계이다.
통일된 마음, 항상 깨어 있는 마음 빼고 나면
냄새나는 송장이지 뭐가 있나?
마음은 아무 형체가 없다.
아무 모양이 없다. 아무 색깔이 없다.
허공같이 텅 비었지만
신심으로써 감(感)을 잡는다.
신심으로써 대도(大道)가 된다.
냉난자지는 마음에서 생(生)하지
죽은 송장에서 생하는 것이 아니다.
한 번도, 두 번도 마음이 지존(至尊)이다.

6. 일원론과 이원론의 차이점

본래지(本來知)는 하나이지 둘이 아니다.

본래지는 하늘 땅 이전부터이다.

본래지는 시방법계(十方法界) 두두물물(頭頭物物)

산하대지(山河大地) 어디에도 꽉 차 있는

신령(神靈)이다. 에너지이다.

기운(氣運)이다. 신비(神秘)이다. 극비(極秘)이다.

본래지는 모양과 색깔, 형상, 무엇 하나

감(感)을 잡을 수 없지마는

연(緣)이 닿으면 즉각반응(卽刻反應)한다.

차가운 연을 만나면 차갑다는 반응,

따뜻한 연을 만나면 따뜻하다는 반응이다.

수억의 어떤 연을 만나든

연을 만나면 즉각반응한다.

반응이 없다면 죽은 송장이다.

반응이 곧 식(識)이 된다.

식이 모이면 습(習)이 되고,

습이 쌓이고 쌓이면 중업(重業)이 된다.

인연(因緣) 이전 본래지는

식도 아니고, 습도 아니며 업도 아니다.

텅 빈 적적(寂寂)일 뿐이다.

텅 빈 적적을 청정법신(淸淨法身)이라 한다.

본래지가 곧 중생중생, 중생들의 마음이다.

중생, 중생들의 마음이

바로 우리들의 종교적 높이이다.

종교적 깊이이다. 종교적 심오이다. 신비이다.

끝끝내 비밀이다.

가고 또 가고 세세생생 간다 해도

알려고 해도 알 수 없는 극비이다.

그저 가고 또 가는 길 외에는 답이 없다.

신심밖에는 아무 답이 없다.

마음을 등진 종교는 외도(外道)이다.

마음 밖의 종교를 이원론(二元論)이라 한다.

이원론은 뭔가 잘못된 것 아닌가 싶다.

자기 마음 자기가 극진히 섬기는 것이 정답이고

자연법칙을 바로 보고 바로 믿는 것이 정답이다.

무형(無形)의 마음을 형상화(形相化),

등상화(等像化)라 하기도 한다.

등상화라 해도

등상화 속에는 전지전능

대자연의 마음이 들어 있음이니

자연법칙에 어긋나지 않는

신앙과 예경의 대상이다.

마음이 들어 있는 등상,

마음으로 모셔놓은 부처님이니

지극한 예경 외에는

다른 토(吐)를 달면 박복(薄福)이다.

돌덩어리이다. 나무 뭉치이다. 흙덩어리이다.

등상이라는

요리조리 잔머리 굴리는 잡생각에 끌려만 가면

자기에게 오는 공덕은

천리만리로 흩어지고 마는 법⋯⋯.

마음을 지성으로 섬기는 데에서 공덕이지

토를 달고 따지면 삿된 소견만 더 깊어지는 법이다.

본래지로 돌아가는 자심(自心)의 종교가

가장 지혜로운 종교이고

가장 복된 종교이다.

자기성찰, 자기제도에

궁색함이 없는 대도문(大道門)이다.

일원론과 이원론을 한 번 더 논한다면

우리 불교는 일원론이고

타종교는 이원론이다.

일원론은 번뇌망상(煩惱妄想)도 발심만 하면

보리(菩提)가 되고 성불(成佛)한다는

가능성을 자신 있게 힘주어 논하는 것이고

타종교의 이원론은

하느님이 절대자이고

범부들은 하느님처럼 절대자가 될 수 없다는

확고한 불가능의 고정된 관념을

벗어나지 못하고

나약(懦弱)으로 처져 있을 뿐이다.

일원론은 본래부터 열려 있고

탁 트여 있는 대자연의 법을,

이원(二元)으로 칸을 나누지 않고

하나인 본분(本分)의 법을

아무 의심 없이 지극히 잘 섬기는 지혜이다.

이원론은

본래부터 열려 있는 대자연의 법을

하나로 섬기지 않고

하느님과 중생, 범부의 둘로, 이원으로,

작위적으로 칸을 나누어서

열려 있는 마음, 탁 트여 있는 마음,

항상 깨어 있는 마음이 못되고

갑갑한 마음, 늘 겁을 집어먹고 있는 마음으로

어깨가 가뿐한 마음이 아니다.

열려 있는 마음, 깨어 있는 마음이 못되면

너그러워야 할 마음이 아교같이 굳어서

쌍방의 마음과 통하지 못하고 정겨울 수 없을 터······.

마음은 본래가 하나로 통해 있고 밝아 있다.

굳은 벽같이 막혀 있지 않다.

번뇌(煩惱)가 보리(菩提) 된다는

가능성으로 사는 희망자는

깨어 있고 트여 있는 안식자(安息者)이지만······.

번뇌가 보리 된다는 가능성을
등지고 사는 후퇴자(後退者)는
불안, 공포를 벗어나지 못하는 어리석은 이다.
자기 주견(主見)으로 사는 것이 아니고
신(神)이 내리는 후광(後光),
이원의 나약(懦弱)을 벗어나지 못한다.

사람이 사는 삶의 전부는
자기 주견이 어디에도 구속되지 않고
지혜롭게 사는 무애(無碍)이다.

일원론에 힘을 얻은 득력자(得力者)는
대해탈자(大解脫者)이다.
어디로 가도 나약자(懦弱者)가 아니다.
아무 가진 것 없어도
대도무문(大道無門)으로 가는
당당한 자가 되고
저 끝없는 신심 외에

한 발짝도 물러서지 않아야 한다.
일원론으로 가는 대도무문자가 되어야만
원융사상(圓融思想),
긍정사상(肯定思想),
불이사상(不二思想),
자비사상자(慈悲思想者)가 된다.

원융사상.
서로 서로의 관계 아무 불편 없이
잘 유지된다는 뜻.
너와 나가 하나이니
서로 더불어 산다는 뜻.

긍정사상.
불가능이 아니고 가능성을
번뇌 즉 보리, 발심만 하면
번뇌가 다시 보리가 된다는
확고부동한 신념.

불이사상.

지(知)는 하나이지 둘이 아니라는

확고한 지혜와 신념이다.

그러나 지혜지(智慧智)는 중중(重重)이다.

자비사상자.

모든 생명사랑, 생명존중이다.

작디작은 미물들의 생명까지도 사랑하는 사랑.

내 방의 채송화를 보고

대자연의 법칙을 더욱더 존중한다.

고개 숙인다. 자연히 고개가 숙여진다.

대자연의 법을 탐구하는 시간에

더 깊이 빠져들고

시간을 더 쪼개고, 쪼개고 싶은

발심이 샘에 물 솟듯이 솟아 나온다.

채송화, 저녁 땅거미가 들면

활짝 피어 있었던 꽃이 스스로 오므라든다.

꽃은 없고 줄기뿐이다.

다시 아침의 해돋움

햇살 밝은 빛이 솟아오면 채송화가

예나 다름없이 활짝 오색(五色)으로 피어서

산들산들 웃음을 준다.

'참' 예쁜 모습이다.

때가 되면 오므라들고

때가 되면 다시 피어서 만인(萬人) 앞에

자기 색을 당당하게 나투는 법(法)은

채송화 스스로의 대자연의 법이지

어디 배워서가 아니다.

어디 익혀서가 아니다.

하느님의 주재(主宰) 아래서가 아니다.

하느님의 뜻에 따라서가 아니다.

어디까지나 채송화 스스로의 법이다.

채송화 스스로의 법이

대자연의 법이고,

채송화의 법이 곧 하느님이고,

부처님이고 여래(如來)이고, 여여(如如)이며
영구불변 법신(法身)의 법이다.
채송화의 법이
삼라만상 두두물물
전체의 법이다.
중생들 예경의 법이다.

어느 학인(學人)이 도인(道人)에게
'도가 무엇이고 어떤 것이 도입니까?' 여쭈니
'배고프면 밥 먹고
잠 오면 잠자는 것이 도이다.' 하셨다.
내 방 채송화의 도나, 그 도인의 도나
내내 같은 한 법이지
다른 법이 아니라는 것
나는 힘주어 말한다.

도는 안과 겉이 없다.
높고 낮음이 없다.

너와 내가 없다.

동서남북이 없다.

그저 사방으로 탁 트였지

칸을 지른 것이 없다.

어디에 있다는 위치가 없다.

도 속에 살면서도 도를 잡을 수가 없다.

잡을 수 없는 것이 도이다.

도는 모양, 색깔, 형상이 없다.

없지만 연(緣)이 부합되면

천억만억 색깔과 형상을 나투매

궁색함이 없는 것이 도의 위신력이다.

채송화 앞에서 배우는 도가 더욱더 진지해진다.

더 깊이 빠져든다.

도는 고금(古今)이 없다는 것

채송화로부터 한 번 더 확인한다.

도는 곧 일원론이지

이원론이 아니라는 것

채송화가 일러주지 않는가?

도가 신(神)이지

도 밖에 다른 신은 있을 수 없다는 것

채송화가 천 번, 만 번 일러주는 것 아닌가?

채송화 신(神) 앞에 예경한다 해도

절대로 미신의 예경이 아니라고

나는 한결같이 말한다.

대자연의 법, 본래지는 무아(無我)이다.

고금이 없다. 개체(個體)가 아니다.

개아(個我)가 아니다.

정해진 위치가 없다.

한자리에 고정된 것이 아니다.

그러나 연(緣)이 합일(合一)된 형체(形體)는

개아이고 개체이다.

인연으로 구성된 육신은 무상이다.
음식물의 응고(凝固)이니 무상 안 할 수 없다.
음식물이 없으면
이 육신도 지탱할 수 없다는 것이
모두에게 상식이다.

만물의 무상을 좀더 자세히 말씀하신
유마경의 법문.
인자(仁者)들이여!
이 몸은 무상하여
강함이 없고, 굳음이 없어
속히 노쇠하는 것이라
믿을 수 없는 것이다.
인자들이여!
이와 같은 몸은
밝은 지혜가 있는 사람은
믿지 않는 것으로……
이 몸은 물방울이 모인 것과 같아

당길 수도 문지를 수도 없으며

이 몸은 물거품과 같아

오래 서 있을 수도 없으며

이 몸은 아지랑이와 같아 갈애(渴愛)를 쫓아다니며

이 몸은 파초(芭蕉)와 같아

속에 굳은 것이 없으며

이 몸은 허깨비와 같아 전도(顚倒)를 쫓아다니며

이 몸은 꿈과 같아

허망한 것에 속으며

이 몸은 그림자와 같아

업연(業緣)을 쫓아 나타나며

이 몸은 메아리와 같아

여러 인연에 속하며

이 몸은 뜬구름과 같아

잠깐 사이에 변하고 말며

이 몸은 번개와 같아

생각 생각에 머물지 않으며

이 몸은 주(主)가 없어 지(地)와 같으며
이 몸은 아(我)가 없어 화(火)와 같으며
이 몸은 수(壽)가 없어 풍(風)과 같으며
이 몸은 인(人)이 없어 수(水)와 같으며
우리 사람들의 몸은 높고 낮음이 없이
누구나가 노병사(老病死)의 고통과
노병사의 근심걱정을 벗어날 수 없는
철조망에 갇혀 있게 되는 말로(末路)를
하나하나 지적한 유마경의 법문.

노병사가 되어 가게 될 때에는
세상사에서 관심 밖으로 밀려나는 것
밀려나가야 하는 것
도태가 되는 것
자기 가족의 관심에서도 멀어지는 것
어찌할 수 없는 형편이 되는 것
짐이 되는 천덕꾸러기가 되는 것
혹이 되는 것

불쌍한 그늘이 되는 것

존재의 의미가 없어지는 것

존재의 천덕꾸러기가 되는 것

당당하던 자기의 위치가 없어지는 것

자기의 위치가 먹혀들지 않는 것

자기의 위치를 내세울 수 없는 것

자기의 힘으로 어느 것 하나 될 수 없는 것

남의 도움 없이는 잠시도 어찌 할 수 없는 것

자기가 가지고 있던

그 당당한 힘은 다 어디로 갔는지

불쌍하고 서글픈 것 외에는

자기 앞에 아무 것도 없는 것

땅 위 하늘 아래 무상(無常),

이상 더 무서운 것 없다는 유마경의 법문을

우리 중생들이

거듭거듭 항상 듣고 싶어하는

지극한 신심만이

구원(救援)이 될 수 있다는 것
늘 명심하면서
항상 최선을 다하는 길만이…….

내 마음 내 사랑은 무상이 없는 사랑이고
무상이 엄습할 수 없는 사랑이고
가장 안전한 사랑
가장 믿을 수 있는 사랑
아무 조건 없는 사랑
가장 따뜻한 사랑
자기성찰(自己省察), 자기제도(自己濟度),
자기정화(自己淨化)의 사랑
세세생생 변함없는 사랑이
우리 불교의 사랑이다.

무상이 없는 사랑을 온 세상에
더욱더 넓게 펴고 싶은 마음이다.

중생 중생들의 마음

내면이 곧 종교의 근원이고,

예경의 근원

신앙의 근원

부처의 근원이며

일원론임을 거듭거듭 말씀드리니…….

7. 화두참구와 염불주력 신앙의 차이점

화두참구(話頭參究)는
화두의 의문점을 알고자 하는 노력
직접 몸소 깨닫고자 하는 노력이다.
예를 들면
벽을 직접 뚫고 들어가는 힘이라 하겠다.

염불주력(念佛呪力)은
몸소 직접 깨닫고자 하는 참구가 아니고
신앙적으로 벽 곁에서 들어가고자 하는 노력,
간절한 신심이 이어짐이라 하겠다.

간절한 신심이 끊어지지 않고

이어가고 이어간다면

염불의 힘도 결국은 화두같이

벽을 뚫고 들어가는 힘이 쌓인다고 나는 생각한다.

염불이라 해서 가벼이 여긴다든지

나약하게 생각하는 것 아니다.

염불은 신앙적이고 종교적인 차원이라 하겠다.

참선은 참구로 깨닫고자 하는 노력으로

철학적인 차원이라 하겠다.

철학은 이성(理性)이다.

이성만으로는 삶의 방향이 윤활(潤滑)할 수 없다.

신앙적인 편협(偏狹)에만 기운다면

휴거와 같은 미신자, 어리석은 자가 되기 싫다.

정(正)과 사(邪)를 정확하게 가려 주는

지혜의 깨달음 참선법이

꼭 쌍용(雙用)되어야 한다.

우리 불교도 참선법이 없다면
정사(正邪)를 가리는 지혜가 궁색하지 않을까 하는
생각이 들 때가 있다.
참선법이 꼭 있어야만
정사를 바로 판단하는 나침반이 될 것으로……

그리고 또
신앙적인 정서(情緖)와
종교적인 정서가 부족하면
나물을 무칠 때 조미료가 안 들어가는 것과 같다.
요리에는 조미료가 들어가야 하듯이
수도(修道)생활에는 필히
신앙과 종교적인 정서와
지혜를 창출하는 선법(禪法)인
철학적인 이성이 같이 겸해져야 한다.

외유내강(外柔內剛)은
조화의 덕목과 인격 덕목이다.

신앙과 선은 외유내강과 같다 하겠다.

이성이 없어도 안 되고 정서가 없어도 안 된다.

인간 최후의 회향처(回向處)는

정서, 종교적인 것이

신앙으로써 안식이다.

마음은 무량(無量)이다.

무량인 마음이 바로 우리들의 종교이다.

마음은 신비(神秘)이다. 극비(極秘)이다.

백천 겁이 지나도 알 수 없음이 마음이다.

묘하고 묘한 것이 마음이다.

불가사의한 것이 마음이다.

전지전능이 하느님이고

절대자의 위치가 하느님이라 하고

중생 따로, 하느님 따로 이원론이 타종교이지만

우리 부처님의 법에는 중생들의 마음이

곧 전지전능이고

마음의 위신력이 바로
절대자의 높이라고 인(印)을 찍는다.

절대의 높이지만 중생들의 뜻이 닿으면
지체 없이 감응함이
부족하지 않다. 궁색하지 않다.
'중생 따로 부처 따로' 이원론은
언어로 취급하지 않는다.
어디서 어디까지가 마음이라고
점을 찍을 수 없음이 마음이고
점을 찍어서는 안 되는 것이 마음이니
불가사의한 마음, 신비의 마음이
곧 종교라는 논리가
잘못된 것 아니지 않는가.

종교 속에
작위적 이성인 철학도 내포한다.
마음을 등진 종교는 무엇이 잘못된 것 아닌가.

반문하고 싶다.

인간 삶의 전부는
따뜻한 마음, 따뜻한 가슴이
항상 유지됨이지 다른 것 아니다.
간절한 신앙심이 아니고는
따뜻한 마음 공덕(功德)이 유지가 안 된다.
어떠한 환경에도 오염되지 않고,
부동(不動)하지 않고,
나약하지 않음이
현재의 서방정토(西方淨土)라 하겠다.

부동(不動)으로 명예롭게 사는 법을
항상 상기해야 한다.
염불, 주력은 신앙으로 공덕이고,
선은 자기 내면성을
깨닫고자 하는 노력이니
내면성을 새 세계로 창출하는 발심인

염불 신앙은 믿음의 공덕이다.
선은 고정된 의식(意識)에서
의식개혁 새 세계로…….

태양 같은 자기(自己) 주견(主見)이라 해도
신(信)을 가벼이 해서는 안 된다.
신은 집의 기둥과 같다.
신이 없으면 기둥 없는 집이라 하겠다.
사람의 높은 품위는 신(信)이다.

무량의 마음 신(信)이
곧 아미타불 정토경(淨土經)의 법문,
무슨 의문이 있을 수 있는가.

종교는 솜같이 포근하고 따뜻함이다.
어미의 찌찌같이 안식이다.
지극한 신심과 간절한 신심이면
종교적 안식을 성취할 수 있다.

우리들의 종교는 본래지(本來知)이다.

본래지에서 지혜지, 이성, 철학도 함께 한다.

본래지 신앙은 염불과 선(禪) 참구이다.

8. 화두선(話頭禪)과 송화두(誦話頭)

무엇을 화두선(話頭禪)이라 하는가?

상식 밖의, 자기의 인식 밖의

어떤 의문(疑問)을

밖으로 던져 놓은 것을 화두라 한다.

한 예를 든다면

낚시하는 사람이

낚싯대를 강에 던져 놓으면

고기가 낚싯바늘에 걸려들 듯이

화두 공부하는 사람은

화두의문을 밖으로 던져 놓고

화두의문에 걸려들기를 기다리고 있음이다.

소납(小衲)은
'금정산(金井山)이 하루 몇 번이나
춤을 추고 있나' 라든지 아니면
'금정산이 현재에 어디로 누워 있나' 등의
화두를 밖으로 던져 놓고 있다.
전혀 걸려들지 않음은 아니다.

사람들은 자기가 지어 놓은 인식과
상식의 룰(rule)을 벗어나지 못하고
자기가 지어 놓은
상식과 인식의 룰에
구속으로만 사는 것이 범부들의 삶이다.
지식과 상식, 인식의 룰을
못 벗어나는 것은 구속이지
자유가 아니다.
지식과 상식, 인식의 틀을
벗어나게 하는 것이 선(禪)의 참뜻이다.

금정산이 춤을 춘다는 것은
지식과 상식으로써는
이해가 안 되는 의문이다.

지식과 상식을 뛰어넘게 하는 의문을
던져주는 것이 화두의 숙제이다.
고기가 낚싯대에 걸려들 듯이
화두 공부자는 화두의문에
걸려들어야만
화두 공부가 되고 화두착이 된다.
화두의문에 착(着)만 붙는다면
간절한 의문에
화두가 해결 안 될 리 없다.

화두의심(話頭疑心)이 깨달아짐으로써
지식과 상식, 인식의 룰을 벗어나게 되고
지식의 구속을 벗어나는 대자유자(大自由者)가 된다.
자유와 자재(自在)가

불교의 구경(究竟)이다.

지식은 구속이지 자유가 아니다.

자기가 지어 놓은 틀에

자기가 다시 구속됨이 범부(凡夫)이다.

자기성찰, 자기제도, 자성참구(自性參究)

화두 공부로써

겉으로 익힌 모든 지식을

모두 놓아버리게 하는 것이 선이다.

.

간화선이 잘 안 되는 근기자(根機者)는

우선 송화두(誦話頭)로써 발심해야 한다.

간절해야 한다.

지극한 간절에서 안 되는 법은 없다.

물러서지 말아야 한다.

구도자(求道者)는 물러서지 않는

지극(至極)한 신심(信心)이 먼저이지

도(道), 깨달음이 먼저가 아니다.

길가는 사람이 길 잘못 들어 놓으면
나중에 낭떠러지 앞에서
이쪽으로도 저쪽으로도 가지 못하고
헤매고 허우적거려야 하듯이
사람이 살아가는데
아무 생각 없이, 아무 수행 없이 살다가
갑자기 늙고 병들면
그때에는 이미 늦어서
앞이 캄캄한 것 외에는
아무 대책이 서지 않고
연기 속에 갇혀 있음과 같다 하겠다.
수행에는 신심이 먼저이다.

송화두는 무엇인가?
무엇을 송화두라 하는가?

부처님 명호(名號)를
어느 명호이든 자기 근기에 맞는 명호를

관세음보살, 관세음보살, 관세음보살······
계속 반복, 계속 반복하며
마음속으로 끊어지지 않게
반복이 이어지고 이어지게
계속되는 정진을 송화두라 하겠다.

송화두라 해서 가볍게 여기지 말고
지극한 신심으로 최선을 다하면
송화두 공덕이 결국은
간화화두(看話話頭), 의정화두(疑情話頭)로 익어지고
발전이 된다.
의정 없는 화두 공부보다
오히려 처음부터 송화두로
신심을 다하는 것이
자기 공부에 더 도움이 된다고 나는 믿는다.
소납도 처음은 송화두로 발심한 공덕이
자연히 의정화두로 성공되었음이니······.
송화두라 주눅이 들고

스스로 처지는 마음을 되풀이함은
절대로 잘못된 처사이다.

남보다 앞서가는 공부자,
훌륭한 공부자,
명예를 한 번 더 높여 보자는 공부자가 되겠다는
속(俗)스러운 생각과
어떤 결과에 집착하지 말고
성공한다는 결과 이전에
결과가 중요한 것 아니고
부처님 말씀대로
진실된 공부자가 되겠다는
신심이 먼저이고
한결같은 신심이 곧 결과이고
물러서지 않는 신심이
곧 결과라는 생각이 불변해야 한다.

현재 하고 있는 것이 진실로 자기 것이지

결과가 자기 것이 아니라고
나는 항상 강조한다.

송화두도 끊어지지 않으면
자기의 내면성이 항상 밝고
깨어 있음이 아닌가?
깨어 있고 밝음이
곧 도이고, 진실이고, 결과 중의 결과이다.

깨어 있는 내면성,
밝은 내면성보다
더 좋은 결과는 없음이니…….

육조 스님 법문,
"일념(一念)으로 믿고
나무아미타불을 한 번 염불하면
손가락 튕기는 힘도 들일 것 없이
서방정토에 태어난다."는 염불공덕(念佛功德)의 법문.

영명연수 선사의 법문.

"확철대오하고 정토발원도 있다면
마치 이마에 뿔 달린 호랑이처럼
현세에는 여러 사람의 스승이 되고
장래에는 부처나 조사가 될 것이로다."

"확철대오는 했더라도 정토발원이 없다면
열 명중에 아홉 명은 옆길로 새버리니
만약 임종시 저승세계가 나타나면
순식간에 끌려 가버리게 되고 말 것이로다."

선의 잘못된 소견을 지적해 본다면
내용 없는 외형선(外形禪)
모양선(模樣禪)
혼침선(昏沈禪)
멍멍선(禪)
고집선(固執禪)
그저 형식선(形式禪).

외형과 형식에 관계없이
실질적으로 자기의 내면성이 밝고 살아 있는
성성(惺惺)한 선자(禪者),
진실자(眞實者)가 되고자
간절해야 한다.

마음 건강을 회복하게 하는 것이 선이다.
마음이 건강하면 못할 것이 없고
안 될 것이 없고, 겁날 것이 없다.
나는 이 말을 세세생생할 것이다.
마음 건강 이상은 아무 것도 없다.
근래 와서 일본은 자살자가 35%라 한다.
국민소득이 높은 선진국이라 하지만
마음이 병드니
자살자가 많은 것 아닌가.
마음이 병들면
황금덩어리 속에 산다고 해도
그 금덩어리가

아무 의미가 없으니, 이것이 마음이다.
마음 건강이 금덩어리이지
마음이 텅 비어 있으면
마음이 가난하면
세상에 좋은 것 티끌만치도 없는 법.
부처님은 황금이 없어서가 아니고
마음 건강이 없어서
출가자가 된 것 아닌가?

마음이 건강하면
꽁보리밥도 꿀맛이지만
마음이 병들면
천가지 만가지 고급요리도
입에 넣으면
모두 쓰디쓴 소태로 변하는 법.
마음이 무엇인지 무엇인지
마음을 알고 싶고 깨닫고 싶은 것이
내가 가는 길이다.

신(信)으로써 자기의 마음을 사랑하고
신으로써 자기의 마음을 하늘같이 섬기고
신으로써 자기의 마음을 드높이고
신으로써 자기의 마음을 건강하게 하고
신으로써 자기의 마음을 바람같이 시원하게 하고
신으로써 자기의 마음을 햇볕같이 따뜻하게 하고
신으로써 자기의 마음을 태산같이 부동하게 하고
신으로써 자기의 마음을 허공같이 탁 트이게 하고
신으로써 자기의 마음을 보름달같이 밝게 하고
신으로써 자기의 마음을 반석같이 든든하게 하고
신으로써 자기의 마음을 금강같이 해야 하나니…….

신행(信行)이 먼저이지 부처가 먼저가 아니다.
신(信) 앞에는 겁날 것이 없고
안 될 것이 없고 못 할 것이 없다.
굳은 신, 금강 같은 신, 태산 같은 신,
반석 같은 신 앞에는
공부가 '잘 되고, 못 되고, 안 되고, 되고'를

논하지 말라.

오직 간절한 신심으로

한 세상 다할 때까지 물러서지 말라.

신(信)으로써

자타일시성불도(自他一時成佛道)일 뿐이다.

9. 마음이 곧 종교(宗教)

타종교는

신(神)을 종교로 믿고 모시지만

우리 불교는

마음이 신(神)이기 때문에

마음을 종교로 모시고 신(信)한다.

타종교는

'마음 따로, 신 따로' 이원론이지만

우리 불교는

마음을 곧 신(神)이요 종교로 보고

신(信)하기 때문에 일원론이다.

내가 있으므로 네가 있고
네가 있으므로 내가 있기 때문에,
너와 나, 둘이 아니기 때문에
일원론이다.

'나' 라는 주인공은
역시 마음이지 다른 법 아니다.
중중무진(重重無盡) 사물(事物)이 있다 해도
그 사물은 역시 마음 안에 있지
마음 밖에 있지 않다.
마음은 하나이지 둘이 아니다.
마음은 무아(無我)이다.
무아이지만 연(緣)을 만나면 개아(個我)이다.

무아를 하나라고 한다.

무아가 곧 개아이고
개아가 무아

'무아 따로, 개아 따로' 가 아니다.

하나라는 말도 본래는 없는 법이다.

없다 해서 죽은 것 아니다.

연(緣)을 만나면 즉각 반응이 있음이니

반응이 있으므로

억지로 하나라고 말한다.

반응에 의해서 하나라는 말이 시작되니

하나라는 말이 그리 잘못된 것 아니다.

연(緣) 이전은

하나도 아니고 둘도 아니다.

언어가 끊어진 절대자의 높이이다.

거듭 설명한다면

연 이전은 공(空)이다.

공이지만 연을 만나면

즉각 반응한다.

공이라 해서 그저 공이 아니고

공지(空知)이다.

공이지만 연을 만나면
귀신같이 안다는
반응을 보여 준다는 뜻이다.
예를 들면 공이지만
차디찬 연을 만나면
차다는 인식(認識)을 밖으로 토해 낸다.
따스한 연을 만나면
따스하다는 인식을 밖으로 나투어 낸다.
반응을 즉각 나투어 내니
그저 공이 아니고
'공지이다' 하겠다.
공적영지(空寂靈知)라고도 한다.
공이지만 신령스럽게 안다는 뜻이다.

거룩한 공지가 하늘 땅 이전부터
본래부터 있는 법이다.
언제부터 어느 때부터 있는 법이 아니고
본래부터 있는 법이다.

본래부터 있는 법이니 '무엇인지 무엇인지'
세세생생 알 수 없는 신비의 법이다.
앞에서 말한 공지법(空知法)은
내가 있으므로 있는 법이 아니고
우리 중생(衆生)들이 있으므로
있는 법이 아니고
'나' 라는 존재가 있든 없든
중생이라는 무리가 있든 없든
상관없이 본래부터 있는 법이니
'무엇인지 무엇인지' 이다.

세월이 다한다 해도
끝끝내 알 수 없는 극비(極秘)이다.

다시 또 말한다면
내가 있으므로 공지(空知)가 있게 된다면
나 자신이 죽어 없어지면
공지도 육신과 같이 없어지는 법이지만

나라는 존재와 관계없이

공영지(空靈知)는 항상 함이니

우리들의 육신이 죽어 없어진다 해도

공영지는 육신이 있을 때와 같이

항상 불변으로 있으니

'무엇인지' 이고 묘법(妙法)이라 아니할 수 없다.

나라는 존재, 중생들의 존재가

현존(現存)할 때에는

중생들의 형체(形體)와 같이 하고,

같이 웃고, 같이 우는

희로애락(喜怒哀樂)을 같이 함이

밖으로 우리들 곁을 잠시도, 아니 찰나(刹那)도

떠나지 않는다.

중생들의 형체, 나라는 육신이

죽어 없어지면

공영지(空靈知)도 같이 없어지는 법이 아니고

공영지는 다른 인연 따라

다른 형체의, 다른 육신의
주인이 되는 법이다.

공(空)은 더도 아니고, 덜도 아닌
억만년이 가도 불변의 공이지만
공이다 해도
연(緣)을 만나는 그때부터는
공과 합일이다.
공이다 해도 연을 접하면
즉각 반응하니
반응이 식(識)이 되고
식이 모여 습(習)이 되고
습이 쌓여 중업(重業)이 되므로
육신이 죽으면 공도 옮겨지는 것이 아니라
습으로 쌓인 업이 옮겨짐이다.
예를 들면 사과나무는 한 그루이지만
한 그루 사과나무에
사과는 수백개(數百個)가 열리듯이

업의 종(種)은 수억만억이지만
공(空)은 항상 그대로이다.
공이 옮겨지는 법이 아니다.
공은 하나이지만
공에서 싹이 튼 업종(業種)은
천 갈래 만 갈래이다.
'공 따로 업 따로'가 아니고
공과 업이 하나이다.
'공을 공지(空知)이다'해도 되고
'공영지(空靈知)이다'해도 된다.
중생들의 육신도 공지에서
부모님 인연으로 인한 결과이지
달리 하늘에서 내려온 것 아니다.
공지는 본래부터이다.
지혜지(智慧智)는 본래부터가 아니고
인연노력(因緣努力)에서 비롯되지만
공지는 인연에서 비롯됨이 아니다.
본래 대자연이다.

공지(空知)는 하나이지만
지혜지(智慧智)는 중중무진(重重無盡)이다.

공지는 하나라는 것
공지는 불변이라는 것을 다시 설명한다면
미물곤충(微物昆蟲)들의 냉난자지(冷暖自知)이나
크고 큰 축생들의 냉난자지이나
사람들의 냉난자지이나
거지들의 냉난자지이나
임금님의 냉난자지이나
냉난자지는 하나이지 둘이 아니다.
차면 찬 줄 아는 것
따스하면 따스한 줄 아는 것은 하나이다.
차면 찬 줄 아는 것은 스스로 아는 것이지
언제 어느 때부터 누구에게
배워서 아는 것 아니다.
하늘 땅 이전, 본래부터 아는 것이다.

냉난자지법에 대해서는

앞의 다른 원고에도 많이 쓰고 썼다.

다른 책에도 많이 썼다.

중복이지만 나의 뜻을 이해시키기 위함이다.

수학에 0이 없으면 수학을

풀 수 없고, 이해시킬 수 없듯이

냉난자지법, 대자연의 법을 빼놓고는

부처님 법을 이해시킬 수 없기 때문이다.

냉난자지가 하나라는 것은

앞에서 설명한 바,

이어서 억만년이 가도 불변이라는 것을 말한다면

갓난아기 때 찬 줄 아는 것이나,

세월이 지나 노인이 되어서 아는 것이나

찬 줄 아는 농도(濃度)는 같지

다르지 않음은 일반상식이다.

세상사 모든 것이 변해도

냉난자지법은 불변이라는 것이

증명되지 않는가.

억만년 전 냉난자지나
앞으로 억만년 후의 냉난자지법이나
냉난자지법은 불변이다.
냉난자지법이 곧 마음이지
다른 법이 아니다.

얼마 전에 서면 영광도서에 가니
책 종류가 육십만 종이나 된다고
영광도서 사장님이 말씀하셨다.
육십만 종을 창작해 내는 위신력은
마음신(神)이지 마음 밖의 다른 신은
절대로 아니다.
마음신의 위신력으로
사람이 달에도 가고
토성에도 과학기술을
현재 보내고 있지 않는가?
'마음 따로 신(神) 따로'가 아니라
마음이 곧 신이고

마음이 곧 종교의 대상이라는
내 논리가 틀리지 않고
허점이 없다고 나는 생각한다.
거듭 주장하지만
마음이 곧 종교이다.
마음을 섬기고
마음을 드높이고 예경하는 종교가
정법(正法)의 정법이라고
천 번, 만 번 말할 것이다.

마음에
어디서 어디까지가 마음이라는
점을 찍을 수 있고, 찍어진다면
마음이 곧 종교라고 할 수 없고
해서 안 되지만
무한대 마음, 무량의 마음은
점을 찍을 수 없는 신비이고 극비이니
마음이 종교라는 논리가

타당하지 않을 수 없지 않는가?

마음은 '어느 때부터'가 아니고
하늘 땅 이전 본래부터이다.
본래부터인 마음은 공이다.
공인 마음이 전지전능이다.
전지전능의 마음 실(實)이 중생들의 종교이다.
'신 따로 마음 따로'가 아니다.
거듭 설명을 더한다면
연(緣) 이전은 공이지만 연이 닿으면
즉각 반응함으로써
중생들의 소원(所願)을 성취시킨다.
수학 학문 0에서
천억 만억으로 발전해 갔다가
다시 0으로 들어오듯이
부처님 법문의 공도
공에서 시작된 대사건(大事件)들을
수행의 힘으로 다 소멸시키고 나면

처음 출발한 공으로 환귀본처(還歸本處)하니
이것이 불교의 안식처(安息處)이다.
마음 안식이 종교가 아닌가?

안식으로 가는 뒷받침은 발심(發心)이다.
무엇을 발심이라 하는가?
자기 마음 자기가 사랑하는 것
자기 마음 자기가 섬기는 것
자기 마음 자기가 건강하게 하는 것
자기 마음 자기가 직접 깨닫고자 분발하는 것
자기 마음 자기가 세파에 오염되지 않게 하는 것
자기 마음 자기가 어디에도 구속되지 않게 하는 것
자기 마음 자기가 어디에도 착(着)되지 않게 하는 것
자기 마음이나 남의 마음이나
마음을 항상 파도처럼 펄펄 살아 있게 하는 것이니
마음은 파도처럼 항상 살아 있어야 한다.

마음이 살아 있으면 세상에 무엇이 아쉽나?

무엇이 부럽나?

무엇이 두렵나?

발심(發心)은 등대와 같다.

발심은 방파제와 같다.

발심은 가뭄의 단비와 같다.

발심 앞에는 재앙이 있을 수 없다.

재앙이 엄습할 수 없다.

발심은 그늘진 곳의 햇빛과 같다.

우리 모두 모두는 발심으로

굳세게 건강하게 살아야 한다.

공(空)은 극비(極秘)이다.

공은 무처소(無處所)이다.

공은 신비(神秘)이다.

공은 멀고도 멀다.

공은 높고도 높다.

공은 넓고도 넓다.

공은 다함이 없다.

공은 묘법(妙法)이다.

공이 곧 마음이고, 적적(寂寂)이고,

여여(如如)이고, 무량(無量)이고, 진여(眞如)이고,

무아(無我)이고, 실상(實相)이고, 부처이고,

신(神)이고, 불성(佛性)이고,

공적영지(空寂靈知)이고,

법신불(法身佛)이며

여래(如來)이다.

10. 자성예찬(自性禮讚)

자성(自性)은 고금(古今)이 없다.

자성은 고금이 아니다.

자성은 '어느 때부터' 가 아니다.

자성은 시작도 없고 끝도 없다.

자성은 시작도 아니고 끝도 아니다.

자성은 안도 아니고 겉도 아니다.

자성은 너도 아니고 나도 아니다.

자성은 '너니 나니' 가 없다.

자성은 높은 것도 아니고 낮은 것도 아니다.

자성은 흰 것도 아니고 검은 것도 아니다.

자성은 더도 아니고 덜도 아니다.

자성은 긴 것도 아니고 짧은 것도 아니다.

자성은 무량이다. 무한이다.

자성에는 생로병사가 없다.

자성에는 오염이 없다.

자성은 오탁악세(五濁惡世)에서도

오탁악세에 물들지 않는 위신력(威神力)이다.

자성은 공(空)이다.

그러나 연(緣)이 닿으면 즉각 반응한다.

자성에는 희로애락이 없다.

자성에는 시시비비가 끊어졌다.

자성은 신비이다.

자성은 극비(極秘)이다.

자성은 알래야 알 수 없다.

자성은 끝끝내 '무엇인지 무엇인지' 이다.

자성은 잡힐 것 같으면서 잡히지 않는다.

끝까지 잡히지 않는 것이 자성이다.

자성이 곧 여래(如來)이다.

자성이 곧 여여(如如)이다.

자성이 곧 신(神)이다.

자성이 곧 부처이다.

자성이 곧 진여(眞如)이다.

자성이 곧 묘공(妙空)이다.

자성은 있는 것도 아니고 없는 것도 아니다.

있다 해도 병이고 없다 해도 병이다.

있다 하면 상(相)에 집착이 되고

없다 하면 허무에 떨어지는 병이니…….

자성은 상주불변(常住不變)이다.

자성은 상주신령(常住神靈)이다.

자성은 상주방광(常住放光)이다.

자성은 상주불매(常住不昧)이다.

자성은 처소(處所)가 없다.

자성은 아무 형체가 없다. 아무 색깔이 없다.

자성은 큰 것도 아니고 작은 것도 아니다.

연(緣)따라 그때 그때에 크기도 하고 작기도 함이니
무엇인지 무엇인지…….
연 따라서 청황흑백에 자재한 것이
자성의 위신력(威神力)이다.

공(空)인 자성이지만 연이 닿으면 즉각
냉난자지(冷暖自知)이다.
냉난자지는 식(識)을 토해 낸다.
냉난자지(冷暖自知)는 불변(不變)이다.
냉난자지법에는 노소(老少)가 없다.
남녀(男女)가 없다.
높고 낮음이 없다.
귀(貴)하고 천(賤)한 신분을 가리지 않는다.
억만년 전 냉난자지나
현재의 냉난자지나
미래의 냉난자지나 냉난자지법은 불변이다.

미물곤충들의 냉난자지나

크고 큰 축생들의 냉난자지나

백인들의 냉난자지나

흑인들의 냉난자지나

황인들의 냉난자지나

임금의 냉난자지나

거지들의 냉난자지나

귀인들의 냉난자지나

천인들의 냉난자지나

갓난아기들의 냉난자지나

노인들의 냉난자지나

부처님의 냉난자지나

중생들의 냉난자지나

냉난자지법은 하나이지 둘이 아니니

억만년이 가도 냉난자지법은 알 수 없음이니…….

냉난자지법이 무엇인지 무엇인지

역대 조사(祖師), 역대 부처님, 역대 불보살님

모두 모두가

냉난자지법은 모르는 것이라 했을 뿐
안다고 점을 아직 안 찍었으니
'무엇인지 무엇인지' 이다.

냉난자지법이 곧 부처이고, 신이며
예경의 대상이고, 기도의 대상이니
가고 가고, 또 가고 또 가는, 멀고도 먼,
세세생생토록 가야 하는 법이 냉난자지법이다.
냉난자지법이 곧 나의 종교이고
우리들 종교의 높이이다.

제2부

중국 여행
생활시(生活詩)

1. 2005년 10월 18일

여행은 넓은 견문(見聞)과
많은 것을 배움의 소득(所得)이다.

넓은 견문과 많은 것을
배움의 소득도 중요하지만
보다 더 소중한 것은
많은 것을 깊이 느낌이다.

'무엇을 가졌느냐
무엇을 먹었느냐
무엇을 즐겼느냐' 가

소중한 것 아니고
무엇을 얼마나 깊이 느끼고
깊이 생각했느냐가
사람 됨됨이에 있어 높은 인격(人格)이다.
하등동물(下等動物)들은 느낌이 없다.
그저 배부른 것 외에는
무엇이 있겠는가?

사물들을 볼 때에 그저 멀그스름하게 보고 만다면
그 다음이 무슨 재미가 있겠는가
보았다면
본 것만큼 느낀 것이 있어야
재미가 있고 기쁨이 있을 것

사람이 사는 길에는 그때그때 깊이 느낌이
생동(生動)이지
많이 가진 것으로
어깨에 힘만 주는 것은 생동이 아니다.

중국여행 세 번째
이번은 부산서 중국 북경(北京)으로 출발
중국 북경.
일생(一生)으로 많이도 듣고 들었으나
이제 직접 가보는 길 가슴 설레이기도
'지금 내가 가고 있는 북경은 어떨까' 가
제일 궁금하고 뇌리(腦裏)에서 궁금증이
떠나지 않는다.

'가서 보는 것보다도
본 것만큼 느껴지느냐' 가 걱정이다.
'본 것으로 끝난다면 내 가슴도
찌들고 찌든 것 아닌가.'
자신에게 물어보고 싶은 심정
무겁기도…….

이번 여행도 느끼는 것이
높은 가치이지

그저 보고 오는 것은 큰 의미가
없을 것으로…….

그 옛날 그 옛날 싯달태자도
노병사(老病死)의 고통(苦痛)을 보고
그 불쌍함을 보고
말로(末路)가 너무도 비참(悲慘)함을 보고
타락됨을 보고
남다른 강한 느낌이 있었기에
출가사문(出家沙門)이 되었지
노병사 말로를 보고도
남다른 강한 느낌이 없었다면
싯달태자 출가사문의 길이
없었을 것으로…….

뜻이 깊은 느낌에서
강철같은 의지가 선다.
절대로 물러서지 않는

의지가 선다.

물러서지 않는 의지와 위력 앞에는

재앙(災殃)이 억세다 해도

감히 엄습(掩襲)하지 못한다.

강한 의지와 물러서지 않는 의지로써

자기의 운명을

이끌어 가는 것,

개혁하는 것이 불교의 참뜻이다.

자기 운명을 자기가 책임지지 않고서

어디 나약하게 점치러 가는 것은

우리 부처님 법에 사(邪)된 것이지

정법이 아니라고 하신

《범망경(梵網經)》의 강한 말씀…….

꿈 같기도 한

중국 북경 공항에 도착…….

전 세계와 함께 하는 공항이라

세계의 사람들이 활보하는
활기가 넘치고 넘친다.

그 옛날에 진시황이 남긴 유적
만리장성(萬里長城) 명화(名畫)가
북경공항에서 제일 먼저 눈에 띄는 안내이다.
저 만리장성 속에는
백성들이 뼈 속에까지
사무친 골병이 들어 있었던
그때가 머릿속에 그려지기도…….

하늘 아래 비행(飛行)하면서도
원고 적는 재미도
일행삼매(一行三昧)의 낙(樂)이다.
다함이 없는 낙은
자기성찰(自己省察), 자기제도(自己濟度),
자기정화(自己淨化)에 있지
겉으로 밖으로 있음이 아니다.

외국 땅에는 발 딛는 그 시간부터
언어가 안 통하니
답답의 답답이다.

말은 삶의 소통이고
삶의 쾌적이고
삶의 무형적(無形的) 대장엄(大莊嚴)이다.

여행길에는 낯선 것이 많아
이쪽으로도 두리번
저쪽으로도 두리번
두리번 두리번하는 걸음걸이…….
알고 가고 싶은 욕(慾),
배워 가고 싶은 욕(慾)이다.

중국의 세 번째로 큰 도시
팔천오백만이 활보(闊步)하는
큰 도시 사천성(四川省)에서 첫 일박.

사천성은 옛날 촉(蜀)나라 때
임금이 사는 수도였다 한다.

촉나라 역사를 모르는 것이
갑갑하고
미안하고
답답하고
궁금하다.

촉나라 역사를 안다면
이번 기회에 원고지가
두툼하고 재미있고
촉나라 역사를 만인(萬人)에게 알려드릴 텐데
모르고 안 배운 것이
답답하기도…….

2. 하늘 아래 선경(仙景) ①

사천성(四川省) 일박(一泊) 다음은
구채구(九寨溝) 별천지(別天地) 대자연(大自然)의
장관(壯觀)으로 간다.

비행(飛行)으로 구채구로 가는
첫 인연이 또 지중(至重)해서
가슴 설레는 마음이다.

구채구는 높고 높은 고지대이다.
해발 3천5백미터 고지대
중중(重重) 높고 낮은 기암(奇巖)의

산(山) 봉우리마다 백설(白雪)의 옷이
어느 때부터 입고 있었던 설의(雪衣)인지
가지 각색의 장관들을
아침 일찍부터
비행에서 보고 함께 하는
도반들에게서 감탄과 찬탄이 쏟아진다.
느낌이 일미(一味) 중의 일미라는 것
거듭 말이 이어진다.

이박(二泊)째 관광은 구채구(九寨溝)이다.
구채구의 뜻은
아홉 소수민족들이 한 고을에서
화합되게 살고 있다는 뜻이다.
구채구의 지역은 지상의 선경(仙景)이다.
작고 큰 호수가 1백18개나 되는
찬탄의 경치가
또 있고 또 있는 신비의 장들이다.

지상선경(地上仙景).
선경은 하늘이
내린 축복이다.
축복 중의 축복이다.

선경은 뭇 군중들이
끝없이 스스로 찾아오게 하는
대위력(大威力)이다.
군중들의 마음을 평안하게 하는 위력이다.
군중들의 마음을 휴식하게 하는 위력이다.
군중들의 마음을 스스로
자각하게 하는 위력이다.
군중들이 무엇을 생각하게 하는 위력이다.

대중들의 마음을 휘어잡는
그 무엇 힘이 묻혀 있다.
사람이 사는 중노동(重勞動)에
선경이 없고 휴식처가 없고

종교적 차원의 안식처가 없다면
군중들은 어디로 가서 휴식할지…….
휴식은 다음을 위한
미래를 건설하게 하는 하나의 충전이다.

휴식은 그저 버리는 것이 아니다.
종교적 신심은 더욱 강한
충전이다.
미래가 발전하고
미래를 건강하게 하는 힘은
휴식이고 대자유이다.
자유가 없다면
미래는 황폐이지
무엇을 기대할 수 없다고
나는 항상 말한다.

구채구의 선경이 좋아서
선경을 보고 싶어서

선경을 찬탄하고
깊이 느끼고 싶어서
더 많이 자랑하고 싶어서
우리 영주암 신도들
이역만리 멀고 먼 곳에서
여기까지 왔소이다.
선경 대자연의 찬탄을
많은 신도들 가슴마다 마음껏 느끼고
마음껏 쉬게 하고
마음껏 찬탄을
마음 깊숙이 담아가게 하소서.
선경이여…….

땅 위에 하늘 아래
제일 좋은 선경이라 해도
오늘 내가 와서
마음에 듬뿍 느끼지 않고
느끼지 못하고

찬탄하고 감탄하는
내가 없고 오지 않았다면
선경도
멋적할 것으로……
멋적할 것으로……
선경에게 말동무가
되어 주기 위해서
오늘 내가 왔소이다.

구채구 선경이여!

1백18선경에서
가이드가 제일 먼저 안내하는
첫 번째 호수
오화해(五花海) 호수이다.
오색꽃같이 물색이
가지가지라는 뜻이다.
세상에 태어나서

생전 처음 보는

가지가지 맑은 물색(色)이어서

내 나름대로 물색에

이름을 붙이고 싶은 생각이 술술 쏟아진다.

수정해(水晶海)

청정해(淸淨海)

오채해(五彩海)

명경해(明鏡海)

오화해(五花海)

감탄해(感歎海)

칭찬해(稱讚海)

환희해(歡喜海)

옥수해(玉水海)

신비해(神秘海)

진주해(珍珠海)

예경해(禮敬海)

전세계의 사람들이

다 오게 하는 해(海)

전세계의 사람들을
다 불러들이게 하는 해(海)

오화해가 좋아서
오화해를 보고자
찾아오는 사람들 수(數)는
하루도 거르지 않고 매일매일 그 수가
삼만 명이나 된다 한다.
인산인해(人山人海)의 사람들이 제각기마다
기념사진 찍는 포즈들 동작도
하나의 볼거리로 나는…….

하늘과 구름 뭉게구름
천억 만억 변화(變化)의 구름
물구름 안개구름
구름 속에는 크고 작은 높고 낮은
기암(奇巖)의 산봉우리들과
오색(五色)들의 단풍 수없는 선경

끝없이 끝없이 찾아오는 사람들과
하나가 된 대자연의 조화
자연이 신비하기도
자연이 고맙기도

좋은 것을 보면
좋아하고 칭찬하고
찬탄하고 같이 느끼고
같이 슬퍼할 줄 아는 마음은
노(老)나 소(少)나 남(男)이나 여(女)나
백인(白人)이나 흑인(黑人)이나 황인(黃人)이나
모두가 다 다르지 않고
같은 하나의 마음이니
도대체 마음이 무엇인지 무엇인지
의문을 안 할 수 없다.

우리 부처님 법은 그 옛날
일찍부터 우리들의 마음 자기자신의

마음을 알고자 깨닫고자
잠을 설치게 하는 노력이다.

마음 건강미(健康美)에서 세상사가
낙(樂)이지
마음 건강미가 없다면
마음 건강미가 안 되어 있다면
선경을 천 번, 만 번 본들
무슨 맛이 나오리…….
무슨 낙이 나오리.

내심청정(內心淸淨) 내심건강(內心健康)
내심무산란(內心無散亂) 내심신(內心信)이
강(强)한 데에서
선경이 좋고
항상 살아 있는 선경이 되지
마음 건강미가 없다면
선경은 죽은 것

한 번도 두 번도 거듭거듭

마음 건강미가 불교의 구경(究竟)이지

다른 법이 아니다.

3. 하늘 아래 선경(仙景) ②

금강산(金剛山) 구경도 식후(食後)라 했다.

구채구(九寨溝) 선경(仙景) 내에 대 식당이 있다.

그저 식당이 아니고 식당청(食堂廳)이다.

깊고 깊은 산골짜기에

식당청이 있음이니…….

천 명이 넘는 대중도

한꺼번에 다 먹을 수 있는 식단 설계가

사람들 머리에서 나왔으니

사람의 두뇌가

소중하고 소중하다는 것

뇌리에서 수없이 되풀이되었다.

사람의 두뇌(頭腦) 극비(極秘) 비밀(秘密)은
이 세상 다할 때까지 고맙고 고마움이라는 것
오늘 따라 더욱더
마음속 깊이 느껴짐이니…….

중국은 관광자원 명소가
40여 곳이라 한다.
40여 관광자원 명소에서
제일 첫 번째가 구채구 명소라 한다.
하늘이 주는 축복이다.
하늘이 주는 큰 선물이다.
자손 만만대의 선물이다.
무공해의 선물이다.
1970년도 몇몇 벌목꾼에 의해서 발견된 서광이다.
기이한 산세(山勢), 기이한 선경, 밀림 그대로가
태고(太古) 때부터 현재까지
아무 훼손 없이 보존됨이
하늘이 지켜 줌이다.

중중무진(重重無盡) 선경 속에 들어서니
환상에 취해져서
감탄, 감탄 외에는
아무 생각이 없는 오늘이다.
지상의 선경,
수정(水晶) 밑에 비치는 선경,
선경, 선경
별천지(別天地) 신화(神話) 속에서
죽은 송장이 아니고서야
어찌 침묵만 하리…….

수정궁(水晶宮) 폭포(瀑布) 너비가
3백 미터라 한다.
수천 수만의 진주알이
한꺼번에 굴러 내려오는 형태
옥구슬이 쏟아지는 모양
다이아몬드 보석이 쏟아져 내려가는 모습
칠보구슬이 무궁무진으로…….

찾아오는 관중들에게
안겨 주는 미경(美景)이
수 없고 수 없는 미경들이
묘기(妙技)하고 춤을 추는
대자연의 장관들이
넓고 넓은 골짜기에 꽉 차 있으니
다이아몬드가 없고, 진주가 없고,
보석이 없는 사람들
구채구 수정궁 폭포에 와서
보고 또 보면
자족(自足)이 될 것으로…….

화화해(火花海)가 있다.
오색 단풍들이
불같이 활활 타 보이는
열정의 미(美)와 장관의 조화가
푸르고 푸른
청색지(靑色池) 밑으로 비치고 있는

미의 경림(景林) 환상(幻想)들이
관중들을 듬뿍 취하게 하니…….

운해옥폭포(雲海玉瀑布).
허공에
솜같이 뭉게뭉게
뭉실뭉실 피어나는 신기의 구름 숲들이
청수(淸水) 밑으로 비치는 미관(美觀)
운해(雲海)의 폭포 앞으로
수천 수만 관중들이 몰려드니
몰려든 관중도
또 볼거리 관광이다.

일랑폭포(日朗瀑布).
하늘의 햇빛이 옥호수(玉湖水) 밑으로 투영(透映).
하늘의 해보다 옥호수 밑의 햇빛이 더 장관이다.
물밑에 들어간 해가 젖어지지도 않고
물에 젖어 망가지지도 않으니

자연법칙은 몰라, 몰라.

수군림폭포(樹群林瀑布).

태곳적부터 원시림 그대로가

현재까지 하나 망가지지 않고 있는

지상의 원시림들이

청색호수(靑色湖水) 밑으로 투영.

지상의 원시림, 강 밑의 원시림

자연이 주는 선물들을 보고

억만리 밖의 사람들이라 해도

자기 주머니 사정만 생각하고

어찌 안 찾아오리…….

노호폭호(老虎瀑布).

가지가지 색들의 단풍이

청정수(淸淨水) 밑에 비쳐진 물밑 그림들이

늙은 호랑이의 가죽 같다 하여

노호폭포라고 한다.

보고 느끼는 감(感)은

외국사람이나 우리나라 사람이나

마음은 하나이니

마음이 무엇인지……. 무엇인지…….

해자폭포(海子瀑布).

그 옛날 태고 때부터 계속하는

힘찬 폭포.

하늘이고 땅이고 다

모두를

쓸어 없애고도 남음이 있는 옥폭포(玉瀑布).

대(大) 폭포의 아들, 아들, 아들이

손자, 손자, 손자들이

증손자 증손자들이

고손자, 고손자, 고손자들이

얽히고 설킨 폭포의

수없는 가족들이

위풍도 당당하게 공중으로 올라가고

옆으로 날아가고

뛰어가고

튕겨가는 기상들이 구채구 골짝골짝마다의

활기가 공중으로 공중으로 꽉 차니

작디작은 물방울 폭포 손자들은

관중들 옷자락에

튕겨와서 사람들 옷을 젖게 하기도…….

넘쳐나는 활기에

죽은 송장도 해자폭포에 모셔다 놓으면

다시 재생할 것으로

호(湖), 천(泉), 계(溪), 하(河), 지(池), 천(川)

구채구에서 다 볼 수 있는

장관의 장관, 환상의 환상이다.

마음껏 느낄 수 있는 시정(詩情)이

풍요(豊饒)한 곳이다.

시정이 발(發)하지 않을 수 없는 곳이다.

단풍 채색(彩色) 밀림(密林)

열정(熱情)이 사람들 피부 안까지

속살까지 비쳐 주는 신기(神奇)이다.
자연의 위력이다.

와발해(臥發海).
푸르고 푸른 물 양(量)들이 쉬고 있는 호(湖)이다.
마음이 급한 사람도, 마음이 펄떡거리는 사람도
번뇌(煩惱)가 들끓어 어찌할 줄 모르는
모든 중생들의 마음을
평안히 쉬게 하는 누어 있는 호이다.

마음을 쉬고 싶은 사람들
와발해에만 온다면…….
환영(幻影) 대자연의 조화
대자연의 신비
대자연의 장관
위풍이 넘치는
기상이 당당한 자연 앞에
어찌 예경 안 하리

어찌 겸손 안 하리
어찌 감격 안 하리
어찌 찬탄 안 하리
심오한 자연 그대로가
우리 사람들의 종교라는 것
이 원고에서 또 말한다.

연기(緣起) 이전은 텅텅 빈 공(空)이지만
연기 이후에는
삼천대천세계가
펼쳐지는 법(法)을 설하는 것이
부처님의 법이고 은혜이다.

4. 하늘 아래 선경(仙景) ③

구채구(九寨溝)는

하늘 아래 선경(仙景)의 선경이다.

미경(美景)이다.

대장관경(大壯觀景)이다.

환상경(幻想景)이다.

장엄(莊嚴)의 장엄경(莊嚴景)이다.

이 세월이 다할 때까지

찬탄의 경(景)이다.

감탄의 경이다.

생기가 넘치고 넘치는 경이다.

신기의 경이다.

신비의 경이다.

땅 위 하늘 아래 사람들이

다 찾아오게 하는 선경이다.

오탁악세(五濁惡世)를

다 씻어 주는 선경이다.

사람들의 마음을 다 씻어 주는 선경이다.

사람마다 자기를 돌보게 하는 선경이다.

사람들의 마음을 쉬어 가게 하는 경이다.

관중들의 마음을 평안하게 하는 경이다.

오탁악세는 모두가 다

무상(無常)하다는 것,

뜬구름과 같다는 것,

석화(石火)와 같다는 것,

물 위의 거품과 같다는 것,

오탁악세를 벗어나고자 분발해야 한다는 것,

오탁악세에 물들지 말아야 한다는 것,

자기성찰, 자기제도,

자기정화에 나태해서는 안 된다는 것,
등등을 선경은 나에게
일러주는 것으로······.

늙고 병들면
자기 몸이지만 자기 마음대로 하지 못하는
슬픔의 슬픔,
자기 수족이 자기 뜻대로
되어 주지 않는 비극,
자기 육근(六根)이지만
자기에게 도로 고통만 받게 하는 배신,
자기가 일으킨 생각에
자기가 고통받아야 하는 사건들에 대해서
한 가지도 빠지지 않고
선경은 조용히 일러주는 듯······.

자기 인생말로(人生末路)에 가서는
자기에게 남는 것 아무 것도 없고

빈 껍질
빈털터리
아프고 쓰린 마음만
배신의 마음만
고통의 마음만
타락의 마음만
무겁고 무거운 마음만
다음 생으로 또 가져가야 한다는 것
선경은 일러주는 듯…….
잠깐 보고만 가는 선경,
잠깐 구경거리로만 여기는 선경이 아니고
자연의 법칙을 읽어 보고
배우고 가는 나의 선경이다.

옥수(玉水)가 좋아서
청정수(淸淨水)가 좋아서
푸르고 엄숙한 푸른 물이 좋아서
태고의 밀림, 원시림,

가지가지 나무들이

다른 곳에 가지 않고

옥수 밑으로

청정수 밑으로

수정수 밑으로

원시림 나무들이

자빠지고

군들어지고

처박아지고

넘어지고 해서

이리 걸치고 저리 걸치고

물밑에 있는 그대로가

청정수 밑에서 비치고 있는 그대로가

관중들에게 보여 주는 그대로가

좋은 예술이고 멋이고 장엄이고

관광군중(觀光群衆)들에게 볼거리로…….

자연조화가

또, 일품의 일품이다.

청정수 호수 밑에 수천 수만

청결한 고기떼 군중들 유희(遊戲)도

볼거리고 자연의 예술이다.

청결한 고기떼 군중들 유희에

관중들 마음이 쉬어지는 휴식처이다.

쉬어지는 마음이다.

다음 시간은 죽이 되든, 밥이 되든

쉬어지는 마음에 모든 진행이 다 놓아지니

가이드 발이 동동…….

쉬고 싶은 마음

쉬어지는 마음이 먼저이다.

다음 시간을 잊어지게 하는 것이

구채구(九寨溝) 자연의 매력이다.

태고의 밀림 속으로

오색단풍 밀림 속으로

원시림 밀림 속으로

밀림의 밀림 속으로

태양 빛이 스며드는 조화,

하늘에 둥실둥실 구름들이

오색단풍 밀림과 하나가 되게 어울리는 조화,

수많은 관중들도 그대로가

단풍과 같은 조화이다.

늙은 사람, 젊은 사람,

흰 머리색, 검은 머리색,

키가 작은 사람, 큰 사람,

체격이 뚱뚱한 사람, 날씬한 사람,

남자와 여자,

각자의 사람들마다

옷 색깔도 단풍과 같이

가지가지 색상이다.

자연스레 어울리는 예술품이다.

구채구 선경과 관중이

하나로 어울리는 색상이다.

힘차게 힘차게
폭포수가 흐르는 밀림 속 계곡 옆으로
굽이굽이 이어지는 계곡길 따라
쉬어지는 마음으로
행보하는 걸음걸음이,
감미로움에 취해서 깨고 싶지 않은
삼매의 걸음걸음이
현재로 끝이 아니고
다음 생에까지 이어지기를
염원하는 활보(活步)이다.

허공의 비행이
청정호(淸淨湖) 밑으로도 비행이다.
청정 물밑의 비행기(飛行機)에
탑승한 승객들의 옷이
어느 정도 젖었는지 궁금하기도…….
하늘 아래 제일 좋은 선경이라 해도
생각할 줄 아는 주인공

느낄 줄 아는 주인공이 없다면
어느 누구가 선경을 찾아와
찬탄과 감탄을 아끼지 않고 해줄지…….
생각할 줄 아는 주인공
느낄 줄 아는 주인공이 없다면
선경을 찾는 분주(奔走)가 없을 것으로

생각할 줄 아는 주인공
느낄 줄 아는 주인공의
영지(靈知)는 땅 속에도, 흙 속에도,
물 속에도, 강 속에도, 허공에도,
구름에도, 돌에도, 바위에도,
나무에도, 나뭇잎에도,
산하대지 어디에도
없는 곳이 없음이 불성(佛性)이다.
불성이 곧 부처이고
우리들의 종교이다.

5. 관광명소가 많아서

중국정부는 관광명소가 많아서
하늘이 주는 큰 복(福)이다.
밥 걱정은 안 해도 될 것으로
십오억 인구에
지혜로운 관광 유통(流通)만 잘 된다면
중국의 경제는 그저 물 흐르듯
술술 돌고 술술 흐를 것으로
굳이 애써 경제학 박사 안 길러내어도
관광자원만 잘 지킨다면…….
관광자원은, 관광명소는
돈 안 드는 큰 자산이다.

큰 보배 덩어리이다.

큰 금 덩어리이다.

가만히 있어도 항상 포만(飽滿)이다.

돈버는 재미에

달러 버는 재미에

중국정부가 달콤함에

푹 빠진 것 같아.

건설업이 잘되면

모든 시장이 다 살아나듯이

관광사업도 원활하면

시장 전반이 활기 차는 것 아닌가?

관광이 그저 소비로만 끝이 아니고

관광 시간을 통해서

보고 배우고 느낀 넓은 견문이

다음 단계 발전으로 이어간다고 나는 생각한다.

많이 보고 많이 배운 것이

다시 재생산으로 발전되게 하는 것이

관광의 꽃이 되게 해야 한다.

넓은 견문자 앞에는 자기 실력이 부족 안 할 수 없지.

겉으로 밖으로 관광이 다시

자기성찰, 자기제도 관광으로 이어져야 한다.

중국 관광명소가 많다 해도

40곳밖에 더는 없다.

자기성찰, 자기제도의 관광명소는

천억만억의 명소이다.

끝없는 자원명소(資源名所)이다.

무형(無形)의 명소이다.

무가(無價)의 명소이다.

모두에게 이익을 주는 홍익(弘益)의 명소이다.

우리 불교는 자기 내면성 도로(道路)를

넓혀 가는 길, 닦아 가는 길이니

영원한 관광의 길이고,

탁트인 관광이고, 쾌적한 관광이고

아무 장애를 받지 않는 관광의 낙이다.

겉으로 관광, 밖으로 관광이
다시 자기성찰, 자기제도 도로가
필히 되게 해야 한다.
필히 되게 하지 않으면
겉으로 많이 보고 많이 들은 것이
도로 자기를 잡아먹는 번뇌망상(煩惱妄想)이 된다.

아무 생각 없는 관광은 허비이고
낭비밖에 돌아오는 것 없다.
보고 느끼고 많이 배우는 관광이 되어야 한다.
슬픔 중에 가장 슬프고
마음 상처 극심한 슬픔은
아무 생각 없이 먹고 자고 먹고 자다가
어느 날
갑자기 늙어 빠져 병든 환자가 되는 것이
제일 슬픈 일이다.

대발심(大發心)만 한다면
마음에 상처가 없고, 마음 상처 없이 사는 것이
가장 잘사는 것이고
가장 행복한 대장부(大丈夫)이다.

중국의 청소년들 자유의 상징
청바지 입는 것이 유행이고
입기를 좋아하는 흐름이다.
몸에 딱 들어맞는 청바지,
속살이 보이는 청바지,
속살이 붉어지는 청바지,
속살이 툭툭 나타나는 청바지,
떨어져 너덜너덜하는 청바지,
땅에 질질 끌리는 청바지,
실밥이 흐늘흐늘하는 청바지,
닳고 닳아서 앞뒤가 모두 희끄무레한 청바지
안 입은 사람보다 입은 청소년이 더 많다.
육십 년 이상 통제와 독재

필요 이상의 간섭으로 살아오고 있으니
온 국민이 지칠 대로 지쳐서
나에게, 우리 모두에게
'자유가 그리워. 자유가 그리워' 말은 못해도
사람마다 얼굴 표정에서 읽을 수 있고,
볼 수 있는 분위기…….

머리에는 울긋불긋 각색의
물감들을 들여서
제각기 멋을 내 보고 싶은 몸부림을 치고 있어
막을 수 없는 바람이다.
서양 바람이 가슴에 스며드니
그들도 어찌 할 바를 몰라서
감내를 못하는 흐름이다.

자유와 개성, 자유는 하늘이다.
자유 없는 하늘은 구속이지 하늘이 아니다.
자유가 먼저이지 하늘이 먼저가 아니다.

형무소 죄인도 하늘이 없는 것 아니다.
자유가 없지 않는가?
인민민주주의 민중민주주의에 많이도 지쳤다.
이제 우리들의 소망은 자유민주주의이지
다른 것 다 싫고 싫다는 것
얼굴 표정에 다 씌여 있다.

자유민주주의는
모든 주권은 국민으로부터 나온다 했다.
공산주의는 국민으로부터가 아니고
공산당으로부터 나온다 했다.
하루를 산다 해도
자기 주권이 있어야 한다.
삶의 전부는 자유이지 빵이 아니다.
어느 때 대한민국 조국 근대화 바람처럼
중국도 근대화 바람이 일고 있음이
보기가 좋기도
자유의 바람은 언제 불지…….

6. 용경협(龍慶峽)

깊은 산 골짝마다 용(龍)들의
안식처(安息處)라는 뜻이다.
중중무진(重重無盡) 산 전체가
용들이 꿈틀꿈틀하는 형상(形相)들이다.
수많은 용들이 하늘로 하늘로
올라가는 형(形)이다.
오르고 있는 형이다.
용들이 활개치는 형상들이다.
용들만이 사는 집단처(集團處) 형상들이다.
용들이 대신통(大神通)을 토해 내는 형상들이다.

장웅(壯雄)한 산(山)들이다.

웅장기(雄壯氣)가 하늘로 하늘로 넘쳐

올라가는 산들이다.

산 정상을 쳐다보면

보기만 해도 나의 소원과 온 중생들의 소원을

다 성취시켜 줄 것 같은,

영기(靈氣)가 사무쳐 있는 것 같기도 한,

영기를 계속 내뿜고 있을 것 같기도 한,

신령스러운 산들이다.

큰 태풍에 지구(地球)가 파혜쳐져

다 날아갈 것을 용비산(龍飛山)의

힘으로 콱 누르고 있으니

지구가 태풍의 장애를 안 받고 있는 것 같기도

중국 옛 성현들 공자, 장자, 노자, 맹자,

육조 큰스님 등등 모두가

용비산의 신령스러운 정기(精氣)를 받아

태어났을 것으로 여겨지기도
용비산과 하늘이 맞붙어
하나가 되는 사이로
사람들의 손과 나의 손이
겨우겨우 들락날락해질 것으로

용비산 아래로는 신비의 용비호수
용비호수 깊은 물 속에는
용들의 꼬리, 하체, 몸통들이 잠겨 있는 호수.
호수 위로 배 타는 관광, 배 타는 재미는
분명 생시(生時)이지만 생시로 여겨지지 않고
꿈속의 한 토막으로만…….

깨고 싶지 않은 꿈이다.

멀고 먼 극락세계에 갈 때에
필히 건너야 할 호수가
용비호수 여기가 아닌가 여겨지기도……

생동감나게 꿈틀꿈틀 대형(大形)으로 만든
용 몸체, 용 몸체 속으로 속으로
한 계단 한 계단 올라가는 예술
이렇게 해서도 달러를 버니
'돈을 버는 수단도 천 갈래 만 갈래이구나!'
하는 생각이 뇌리에서 뇌리로

용비천(龍飛川)에 한국사람 관광만 해도
연 십만 명이라 한다.
중국 정부는 한국 사람들만 보면
'돈이 굴러온다. 달러 뭉치가 굴러온다. 굴러온다' 하고
매일같이 싱긋이 웃고 있다 한다.
어느 때에는 나라가 없는 슬픔,
못 먹고 못사는 천덕꾸러기로
'조센진. 조센진'
멸시에 멸시를 받아오던 한국 사람이 이제는
어느 나라로 가든 멸시가 아니고
주인으로 대접받으니

앞의 어른들 고맙기도
앞의 조상님들 고맙기도…….

한글로 화장실 안내까지도
우리 한글이 수백 년만에
외국 땅에 우뚝 서니
15억 인구 중국 땅에 우리 한글이
우뚝 서 있으니
하늘에 계신 세종대왕님도
기뻐할 것으로
중국 정부는 어느 공항으로 가더라도
애국(愛國) 자강(自强) 간판이 뚜렷하다.
자기네 나라사랑 구호가
중국 국민들의 마음을 뭉클하게 한다.

우리 정부는
무슨 말이 없으니…….

북경공항 실내 제일 좋은 위치에
'현대'의 신(新) 디자인 '소나타' 차 진열을 보고
우리 신도들 모두가
축하의 박수,
승리의 박수,
반가움의 박수,
나라사랑의 박수,
국위선양의 박수,
앞으로 무궁발전의 박수,
고마움의 박수,
박수가 줄을 이었다.

나라 없는 슬픔과 나라가 못사는 수치는
두 번 다시 있어서는 안 된다는
큰 의미 있는 박수이다.
공항요지(空港要地)에 '세족(洗足)'이라는
대형의 간판을 보는 순간 깜짝 놀라지기도
발을 씻어 준다는 간판이다.

중국이 지금 어디로 가고 있다는 길이
한눈에 들어오기도
한눈에 보이기도
한눈에 느껴지기도

돈을 벌어야 한다는 것,
살기 위해서는 돈을 벌어야 한다는 것,
산다는 것이 어렵다는 것,
사는 것이 쉬운 것이 아니라는 것,
산다는 것이 곧 전쟁과 같다는 것,
돈을 주면 남의 하체(下體) 발인들
왜 못 씻어
돈 앞에는
무엇이든지 할 수 있다는 메시지
돈 주는데 왜 발인들 못 씻어
돈이면 발이라도 씻어 준다는 메시지.
돈 앞에는 무엇이든 가리지 않는 것
중국 경제를 위해서는

중국의 자존심도 뒤에 숨겨 놓고
자존심이 밥 주는 것 아니라는 것
자존심보다는 돈이 먼저라는 것
돈을 벌기 위해서 무엇이든지
해내어야 한다는 강한 메시지
중국 국민들 밥을 먹기 위해서
중국 정부가 앞장서서
남의 발도 마다하지 않고
씻어 주고 있다는 증거가
'세족(洗足) 간판' 이니
씻을 수 있다는 것
씻어 주어야 한다는 것

남의 발을 씻어 주고서라도
달러는 꼭 벌어야 한다는
강한 메시지가
지금 중국이 가고 있는 길이니…….

우리 대한민국도 살기 위해서는

강한 메시지가 있어야 함을

꼭 말하고 싶다.

돈의 위력이 무서워

달러의 위력이 무서워

돈보다 강한 위력은

자기성찰(自己省察), 자기제도(自己濟度)이다.

간화선의 길

2007년 1월 15일 2쇄 발행

지은이 · 불국정관(佛國正觀)
펴낸이 · 김병무
펴낸곳 · 불교시대사

출판등록일 · 1991년 3월 20일 제1-1188호
주소 · 서울시 종로구 관훈동 백상빌딩 13층 4호
전화 · (02)730-2500
팩스 · (02)723-5961

홈페이지 · www.buddhistbook.co.kr

＊책값은 표지에 있습니다.
＊잘못된 책은 바꾸어 드립니다.